Get Started with Korean Conversation:
Japanese Version
2nd Edition

始めよう韓国語会話

著　者
曺述燮・李正子・金賢珍
Sulseob Jo　・　JeongJa Lee　・　HyunJin Kim

*
First Edition 2012 年 4 月 20 日　発行
Second Edition January 2017
© 2012 All Rights Reserved

http://wwww.PowerMeUpPublishing.com

は じ め に

　その国の言語に接すれば、その国とその国に住む人に対する興味が芽を吹く。その国の言語を知れば、その国とその国に住む人に対する関心が花を咲かす。その国の言語が話せば、その国とその国に住む人に対する知識が実を結ぶ！

　周知のとおり一つの外国語を習得する作業は長い時間と多大な努力が要されるものです。しかし、挑戦の価値は無尽蔵。それはその言葉の習得のためにかけた手間の分だけ、確かな進歩と手ごたえが得られるからです。

　2005 年日韓友情の年、巷における「韓流」の香り。現在日本と韓国の間にはお互いへの関心が高まっています。それにともない社会全体における韓国・朝鮮語の学習ニーズが別段に増えてきております。もともとはビジネスの場で必要とする 30〜40 代の男性が大半を占めていた学習層が、今や中・高・大学の在学生を中心に 20〜30 代前半の若年層の女性および多岐にわたる年齢層の男女など多様化を見せながら裾野を広げています。このような時勢、どうか進歩的でかつ国際的なわが斬新な感覚を頼みに話す韓国・朝鮮語の習得に挑戦してみたいものですね。世界を知るための第一歩として近くて近い隣国、韓国・朝鮮を知ることは有意義なものであろうし、そしてその韓国・朝鮮を知るためにはその人たちが使っている言語を習得し自らがその人たちと一緒に接してみるのが一番でしょうから。

　この書は、皆さんが韓国・朝鮮に行ったら着いたその日から使える日常の実践的な表現をふんだんに盛り込んでいます。最初は文字と発音に対する解説がまとめられ、本文の会話に入ると、一人の日本人留学生がソウルにある一大学において生活しながら、韓国人と友達になって色々なことについておしゃべりしたり、一緒に様々なことができるようになっていく場面をとおして、日常生活に必要不可欠かつすぐに役立つ表現を大切にしております。そのほか、テキスト全体の構成においては、韓国・朝鮮語会話を本格的にマスターしようと志す人たちのために確実な語学力の基礎をすえることを終始のねらいとしております。皆さんも一度お試しになり話す韓国・朝鮮語学習の成果を大いに上げていただきたいものです。

2005 年 4 月

著　　　者

目　　次

はじめに
文字と発音

第1課　안녕하세요. ‥‥‥‥‥‥‥‥‥‥‥‥‥‥‥12
　　　1. 挨拶
　　　2. 用言＋「-세요」
　　　3. 用言＋「-세요?」
　　　4. 体言＋「이라고 합니다/라고 합니다」
　　　5. 体言＋「입니다」
　　　6. 体言＋「은/는」

第2課　한국은 처음입니까? ‥‥‥‥‥‥‥‥‥‥‥‥18
　　　1. 指示語
　　　2. 体言＋「입니까?」
　　　3. 体言＋「이 아닙니다/가 아닙니다」
　　　4. 用言＋「-ㅂ니다/-습니다」
　　　5. 体言＋「이/가」
　　　6. 体言＋「의」
　　　7. 体言＋「에」

第3課　여기가 숙사예요. ‥‥‥‥‥‥‥‥‥‥‥‥24
　　　1. 体言＋「이에요/예요」
　　　2. 用言＋「-아요/-어요/-여요」
　　　3. 用言＋「-지요(-죠)」
　　　4. 体言＋「과/와/하고」
　　　5. 体言＋「도」
　　　6. 用言＋「-고」

第4課　삼월 이일부터예요. ‥‥‥‥‥‥‥‥‥‥‥30
　　　1. 数詞（漢字語数詞）
　　　2. 曜日
　　　3. 用言＋「-네요」
　　　4. 体言＋「이지요?(이죠?)/이지요? ［지요? (죠?)］」
　　　5. 用言＋「-고 싶어요」
　　　6. 体言＋「을/를」
　　　7. 体言＋「부터」
　　　8. 体言＋「까지」

第 5 課　MT 가 뭐예요? ·······································36
  1.　時制
  2.　「안」＋用言
  3.　「못」＋用言
  4.　体言＋「때문에」
  5.　体言＋「이라는 것이 있어요/라는 것이 있어요」
  6.　体言＋「이 뭐예요?/가 뭐예요?」

第 6 課　어디에서 팔아요? ·································41
  1.　体言＋「에서」
  2.　用言＋「-지 않아요」
  3.　用言＋「-아서/-어서/-여서」
  4.　「ㄷ」不規則用言
  5.　用言＋「-면서/-으면서」
  6.　用言＋「-ㄴ/-은」　（形容詞連体形）

第 7 課　스탠드 좀 보여 주세요. ·······················47
  1.　用言＋「-는」　（動詞連体形：現在）
  2.　体言＋「주세요」
  3.　用言＋「-아 주세요/-어 주세요/-여 주세요」
  4.　方向
  5.　体言＋「으로/로」　（方向）
  6.　「더」＋用言

第 8 課　술 한잔 해요. ·····································52
  1.　数詞（固有数詞）
  2.　助数詞
  3.　用言＋「-지 못해요」
  4.　「전혀」＋否定表現
  5.　体言＋「밖에」＋否定の用言

第 9 課　학교생활은 어때요? ·····························57
  1.　「ㅂ」不規則用言
  2.　用言（動詞）＋「-는데」
  3.　用言＋「-지만/-ㅂ니다만/습니다만」
  4.　体言＋「덕분에」
  5.　体言＋「어때요?」
  6.　用言＋「-겠네요」

第 10 課　자주 들으면 공부가 되지요. ・・・・・・・・・・・・・・・・・・・・・・・・・・・62

   1.　「르」不規則用言

   2.　用言＋「-ㄹ 때/-을 때」

   3.　用言＋「-면/-으면」

   4.　体言＋「에」

   5.　体言＋「이/가 되다」

第 11 課　생일 파티를 합시다! ・・・・・・・・・・・・・・・・・・・・・・・・・・・・・・・68

   1.　用言＋「-ㄹ게요/-을게요」

   2.　用言＋「-ㄹ까요?/-을까요?」

   3.　用言＋「-ㄹ 것 같아요/-을 것 같아요」

   4.　用言＋「-ㅂ시다/-읍시다」

   5.　用言＋「-ㄹ수록/-을수록」

   6.　用言＋「-고 생각해요」

第 12 課　어디든지 괜찮아요. ・・・・・・・・・・・・・・・・・・・・・・・・・・・・・・・・73

   1.　用言＋「-지 맙시다/-지 마세요」

   2.　「으」不規則用言

   3.　体言＋「이든지/든지」

   4.　体言＋「으로/로」

第 13 課　주말에 뭐 했어요? ・・・・・・・・・・・・・・・・・・・・・・・・・・・・・・・・78

   1.　用言＋「-았어요/-었어요/-였어요」

   2.　用言＋「-았어요?/-었어요?/-였어요?」

   3.　用言＋「-았습니다/-었습니다/-였습니다」

   4.　用言＋「-았습니까?/-었습니까?/「-였습니까?」

   5.　助詞のずれ　韓国語の「을/를」→日本語の「に/が」

第 14 課　다시 전화하겠습니다. ・・・・・・・・・・・・・・・・・・・・・・・・・・・・・・84

   1.　用言＋「-겠어요/-겠어요?/-지 않겠어요/-지 않겠어요?」

   2.　用言＋「-겠습니다/-겠습니까?/-지 않겠습니다/-지 않겠습니까?」

   3.　体言＋「전에」

   4.　用言＋「-기 전에」

   5.　「누구/나/너/저」+助詞

第15課　요리나 여행이에요. ··90
　　1.　「ㄹ」不規則用言（「ㄹ」脱落現象）
　　2.　体言＋「이나/나」
　　3.　体言＋「과 같이(함께)/와 같이(함께)/하고 같이(함께)」
　　4.　体言＋「이랑/랑」
　　5.　用言＋「-ㄹ 때가 있어요/-을 때가 있어요」
　　　　「-(으)ㄹ 때도 있고 -(으)ㄹ 때도 있어요」

第16課　자료 찾으러 같이 갈래요? ···96
　　1.　用言＋「-ㄹ래요/-을래요」
　　2.　用言＋「-ㄹ래요?/-을래요?」
　　3.　用言＋「-ㄹ까요?/-을까요?」
　　4.　用言＋「-러/-으러」
　　5.　体言＋「이라도/라도」
　　6.　体言＋「는요?/은요?」

第17課　한국 음식을 만들 수 있어요? ···101
　　1.　用言＋「-아 봐요/-어 봐요/-여 봐요」
　　2.　用言＋「-아 보고 싶어요/-어 보고 싶어요/-여 보고 싶어요」
　　3.　用言＋「-ㄹ 수 있어요/-을 수 있어요」
　　　　「-ㄹ 수 없어요/-을 수 없어요」
　　4.　用言＋「-ㄴ 적이 있어요/-은 적이 있어요」
　　　　「-ㄴ 적이 없어요/-은 적이 없어요」

第18課　뭘 하려고 합니까? ··107
　　1.　用言＋「-려고 해요/-으려고 해요」
　　2.　用言＋「-ㄹ 생각이에요/-을 생각이에요」
　　3.　用言＋「-아 줘요/-어 줘요/-여 줘요」（ーてくれる/ーてあげる）
　　4.　用言＋「-아 줘요/-어 줘요/-여 줘요」（ーてください）
　　5.　体言＋「이요?/요?」

第19課　어디에 계십니까? ···113
　　1.　用言＋「-세요?/-으세요?」
　　2.　用言＋「-십니다/-으십니다」
　　3.　体言＋「이세요?」
　　4.　体言＋「이십니다」
　　5.　特殊敬語

第20課　버스나 지하철을 타고 가요. ・・・・・・・・・・・・・・・・・・・・・・・・・・・・・・・・118

　　　1.　「ㅅ」不規則用言

　　　2.　用言＋「-고 가요/-고 와요/-고 있어요」

　　　3.　用言＋「-ㄹ 거예요/-을 거예요」

　　　4.　体言＋「보다」

　　　5.　用言＋「-면 돼요?/-으면 돼요?」

第21課　지난 수요일부터 그랬어요. ・・・・・・・・・・・・・・・・・・・・・・・・・・・・・・・123

　　　1.　「ㅎ」不規則用言

　　　2.　用言＋「-ㄴ/-은」（動詞連体形：過去）

　　　3.　用言＋「-ㄹ 테니까/-을 테니까」

　　　4.　体言＋「이군요」

　　　5.　用言（形容詞）＋「-군요」/（動詞）＋「-는군요」

　　　6.　用言＋「-아져요/-어져요/-여져요」

第22課　이 가방은 얼마야? ・・・・・・・・・・・・・・・・・・・・・・・・・・・・・・・・・・・・・・129

　　　1.　体言＋「인데?/ㄴ데?」

　　　2.　用言（形容詞）＋「-ㄴ데/-은데」

　　　3.　体言＋「이야/야」

　　　4.　用言＋「-아/-어/-여/-았어/-었어/-였어」

　　　5.　用言＋「-아!/-어!/-여!」（相手に対して）

単語索引・・・135

文字と発音　🔊TR1

1. 基本母音字 (10個)

아, 야, 어, 여, 오, 요, 우, 유, 으, 이

字　形	音　価	名　称
ㅏ	[a]	아
ㅑ	[ja]	야
ㅓ	[ə]	어
ㅕ	[jə]	여
ㅗ	[o]	오
ㅛ	[jo]	요
ㅜ	[u]	우
ㅠ	[ju]	유
ㅡ	[ɯ]	으
ㅣ	[i]	이

☞
子音を持たない母音だけの音声を書き表すときは、通常、音のない子音字 (無声音)「ㅇ」を母音字の前に付する。

아이	子供
오이	キュウリ
우유	牛乳
이유	理由
아우	弟、妹
여우	キツネ

2. 基本子音字 (**14**個)：平音 (**9**個) 激音 (**5**個)

ㄱ, ㄴ, ㄷ, ㄹ, ㅁ, ㅂ, ㅅ, ㅇ, ㅈ, ㅊ, ㅋ, ㅌ, ㅍ, ㅎ

字　形	音　価	名　称
ㄱ	[g/k]	기 역
ㄴ	[n]	니 은
ㄷ	[d/t]	디 귿
ㄹ	[r/l]	리 을
ㅁ	[n]	미 음
ㅂ	[b/p]	비 읍
ㅅ	[s]	시 옷
ㅇ	[/ng]	이 응
ㅈ	[ʥ/ʨ]	지 읒
ㅊ	[ʨ]	치 읓
ㅋ	[k]	키 읔
ㅌ	[t]	티 읕
ㅍ	[p]	피 읖
ㅎ	[h]	히 읗

☞
14個の基本子音字は、音の性質から「平音(無気音)」と「激音(有気音)」に分けられる。「ㄱ」〜「ㅈ」までの9個が平音、「ㅊ」〜「ㅎ」までの5個が激音に属する。

가구	家具
나이	年
다리	脚、橋
라디오	ラジオ
마루	床
바나나	バナナ
사무	事務
아기	赤ちゃん
자리	席

차고	車庫
카드	カード
타자	打者
파도	波
하루	一日

8

合成子音字（5個）

ㄲ, ㄸ, ㅃ, ㅆ, ㅉ

字　形	音　価	名　称
ㄲ	[k']	쌍 기역
ㄸ	[t']	쌍 디귿
ㅃ	[p']	쌍 비읍
ㅆ	[s']	쌍 시옷
ㅉ	[ʧ']	쌍 지읒

☞
5個の合成子音字は「濃音」あるいは「硬音」と呼ばれる。14個の基本子音字が、それぞれ「平音（無気音）」と「激音（有気音）」に分けられることに対応する。

까치	カササギ
따오기	トキ
빠이빠이	バイバイ
싸라기	くず米
가짜	偽物

④ 合成母音字（11個）

ㅐ, ㅒ, ㅔ, ㅖ, ㅘ, ㅙ, ㅚ, ㅝ, ㅞ, ㅟ, ㅢ

字　形	音　価	名　称
ㅐ	[ɛ]	애
ㅒ	[jɛ]	얘
ㅔ	[e]	에
ㅖ	[je]	예
ㅘ	[wa]	와
ㅙ	[wɛ]	왜
ㅚ	[we]	외
ㅝ	[wə]	워
ㅞ	[we]	웨
ㅟ	[wi]	위
ㅢ	[ɰi]	의

☞
子音を持たない母音だけの音声を書き表すときは、通常、音のない子音字（無声音）「ㅇ」を母音字の前に付する。

애기	赤ちゃん
얘기	話し、物語
에누리	負け
예리	鋭利
와해	瓦解
왜소	矮小
외래어	外来語
워드프로세서	ワープロ

웨이터	ウェーター
위치	位置
의미	意味

◆　読んで書いてみましょう。

사 과	
바나나	
야 자	

名　　称	音　価	該当子音字
ㄱ類	[-k]	ㄱ,ㅋ,ㄲ ㄳ,ㄺ
ㄴ類	[-n]	ㄴ ㄵ,ㄶ
ㄷ類	[-t]	ㄷ,ㅌ ㅅ,ㅆ,ㅈ,ㅊ,ㅎ
ㄹ類	[-l]	ㄹ ㄼ,ㄽ,ㄾ,ㅀ
ㅁ類	[-m]	ㅁ ㄻ
ㅂ類	[-p]	ㅂ,ㅍ ㅄ,ㄿ,ㄼ
ㅇ類	[-ŋ]	ㅇ

☞
終声子音字は一般に「パッチム」
（**받침**:下敷き）と呼ばれ、一字
の最後に書き添えるように書く。
　パッチムとして用いられる子音
字は基本子音字パッチム（**홑받침**）、
合成子音字パッチム（**겹받침**）の
ほかに、それぞれ違った基本子音
字を二つ併記した形で用いる
2文字パッチム（**이중받침**）があ
り、合計して27文字。発音は、
2文字パッチムもどちらか片方の
子音だけを発音し、全体は左記の
7種にまとめられる。

1) 각（角），간（肝），갇，갈，감（柿），갑，강（江）

2) 낙，난，낟，날（日），남（他人），납（鉛），낭

3) 닥，단，닫，달（月），담（墻），답，당

6　ハングルの仕組み
　子音字と母音字を左右上下に組み合わせる。
1、子音字（初声）＋ 母音字（中声）

$$ㄱ ＋ \boxed{ㅏ,ㅑ,ㅓ,ㅕ,ㅣ} ＝ 가, 갸, 거, 겨, 기$$

$$ㄱ ＋ \boxed{ㅗ,ㅛ,ㅜ,ㅠ,ㅡ} ＝ 고, 교, 구, 규, 그$$

2、子音字（初声）＋ 母音字（中声）＋ 子音字（終声）

$$ㅎ ＋ ㅏ ＋ ㄴ ＝ 한$$

$$ㄱ ＋ ㅡ ＋ ㄹ ＝ 글$$

7 連音化法則

1、終声（「バッチム：**받침**」）の後に母音がつづくと、その終声は後の母音の初声のように発音される。

例：**발음**（発音）⇒ **바름**　　　　**단어**（単語）⇒ **다너**

　　음악（音楽）⇒ **으막**　　　　**독일**(ドイツ) ⇒ **도길**

　　잡음（雑音）⇒ **자븜**　　　　**불안**（不安）⇒ **부란**

2、2文字バッチムの後に母音がつづくと、左の子音字はそのまま終声、右の子音字だけが後の母音の初声のように発音される。

例：**넓이**（広さ）⇒ **널비**　　　　**흙일**（土仕事）⇒ **흘길**

　　늙은이(老人) ⇒ **늘그니**　　　**젊은이**（若者）⇒ **절므니**

　　읽어보다（読んでみる）⇒ **일거보다**

　　짧아지다（短くなる）　⇒ **짤바지다**

例外1

終声「ㅇ」は連音されず、鼻濁音化する。

영어（英語）、　**종이**（紙）、　**강아지**（子犬）、　**고양이**（猫）

例外2

終声「ㅎ」は発音されなくなる。

쌓이다（積もる、重なる）⇒ **싸이다**

좋아하다（好きだ、好む）⇒ **조아하다**

놓아두다（置いておく）　⇒ **노아두다**

넣어보다（入れてみる）　⇒ **너어보다**

◆　読んで書いてみましょう。

스누피	
미 키	
도날드	
호랑이	
고양이	
무당벌레	
버 스	
자동차	
배	

11

이미영 : 안녕하세요?

　　　　스즈키씨죠?

스즈키 : 네, 안녕하세요?

　　　　저는 스즈키라고 합니다.

　　　　이미영씨이십니까?

이미영 : 네, 저는 이미영입니다.

　　　　만나서 반갑습니다.

스즈키 : 네, 만나서 반갑습니다.

　　　　잘 부탁합니다.

イミョン ： こんにちは。
　　　　　鈴木さんですね?
　鈴木　 ： はい、こんにちは。
　　　　　わたしは鈴木といいます。
　　　　　イミョンさんですか?
イミョン ： はい、わたしはイミョンです。
　　　　　お会いできて嬉しいです。
　鈴木　 ： はい、お会いできて嬉しいです。
　　　　　よろしくお願いします。

【新出単語】

안녕하다 : 元気だ、平安だ、無事だ　　　　-세요? : －ですか?　－ますか?

스즈키 : 鈴木　　씨 : －さん

-죠? : －ですね?、－ますね?、－ですか?、－ますか?　　　네 : はい

저 : わたくし、わたし　　는 : －は　　라고 합니다 : －といいます

이미영 : イミョン　　　이십니까? : －ですか?　－でございますか?

입니다 : －です　　만나다 : 会う　　-아서 : －て　　반갑다 : 嬉しい

-습니다 : －です、－ます　　잘 : よく、よろしく　　부탁하다 : 頼む、願う

-ㅂ니다 : －です、－ます

-십니까? : －ですか?　－ますか?　　　안녕히 : 元気に、無事に

가다 : 行く　　-세요 : －てください　　-십시오 : －てください

계시다 : おられる、いらっしゃる　　감사하다 : 感謝だ、ありがたい

고맙다 : ありがたい　　미안하다 : すまない　　실례하다 : 失礼する

처음 : はじめ、初めて　　뵙다 : お会いする、お目にかかる、ご覧になる

-겠 : 推測・意思・可能・謙譲を表わす　　또 : また　　오다 : 来る

천천히 : ゆっくり　　하다 : する　　편안히 : 安らかに、楽に

주무시다 : お休みになる　　많이 : 多く、たくさん　　잡수시다 : 召しあがる

건강하다 : 健康だ、元気だ　　평안하다 : 安らかだ、元気だ、無事だ

일본 : 日本　　한글 : ハングル　　공부 : 勉強　　한국 : 韓国

음식 : 食べ物　　이라고 합니다 : －といいます　　냉면 : 冷麺

비빔밥 : ビビンバ　　사과 : りんご　　바나나 : バナナ　　고양이 : 猫

사람 : ひと　　꽃 : 花　　은 : －は　　식물 : 植物　　호랑이 : 虎

동물 : 動物

【ポイント】

1　挨拶　　TR3

1. 안녕하세요?　　　　　　　こんにちは。
　　안녕하십니까?　　　　　　こんにちは。

2. 안녕히 가세요.　　　　　　さようなら。(もてなした人が客に)
　　안녕히 가십시오.　　　　　さようなら。
　　안녕히 계세요.　　　　　　さようなら。(もてなされた人が主に)
　　안녕히 계십시오.　　　　　さようなら。

3. 감사합니다.　　　　　　　ありがとうございます。
　　고맙습니다.　　　　　　　ありがとうございます。

4. 미안합니다.　　　　　　　すみません。
　　실례합니다.　　　　　　　失礼します。

5. 처음 뵙겠습니다.　　　　　初めまして。
　　잘 부탁합니다.　　　　　　よろしくお願いします。

13

2 用言＋「-세요」

안녕히 가세요.   さようなら。（もてなした人が客に）
또 오세요.   またいらしてください。
천천히 하세요.   ゆっくりやってください。

※ 안녕히 계세요.   さようなら。（もてなされた人が主に）
　　편안히 주무세요.   安らかにお休みになってください。
　　많이 잡수세요.   たくさん召し上がってください。

3 用言＋「-세요?」

안녕하세요?   こんにちは。
건강하세요?   お元気ですか？
평안하세요?   お元気ですか？

※ 일본 가세요?   日本へいきますか？
　　이미영씨 만나세요?   イミョンさんに会いますか？
　　한글 공부 하세요?   ハングルの勉強されますか？

※ 스즈키씨 계세요?   鈴木さんいらっしゃいますか？
　　이미영씨 주무세요?   イミョンさんお休みですか？
　　한국 음식 잡수세요?   韓国の食べ物召し上がりますか？

4 体言＋「이라고 합니다」   TR4

한글이라고 합니다.   ハングルといいます。
냉면이라고 합니다.   冷麺といいます。
비빔밥이라고 합니다.   ビビンバといいます。

※ 体言＋「라고 합니다」

사과라고 합니다.   りんごといいます。
바나나라고 합니다.   バナナといいます。
저는 스즈키라고 합니다.   わたくしは鈴木といいます。

5 体言＋「입니다」

고양이입니다.　　　　　　　　猫です。

한국 사람입니다.　　　　　　　韓国人です。

일본 음식입니다.　　　　　　　日本の食べ物です。

6 体言＋「은」

꽃은 식물입니다.　　　　　　　花は植物です。

기역, 니은은 한글입니다.　　　キョク、ニウンはハングルです。

비빔밥은 한국 음식입니다.　　ビビンバは韓国の食べ物です。

※　体言＋「는」

저는 이미영입니다.　　　　　　わたくしはイミョンです。

호랑이는 동물입니다.　　　　　虎は動物です。

스즈키씨는 일본 사람입니다.　鈴木さんは日本人です。

안녕하세요.

처음 뵙겠습니다.

잘 부탁합니다.

【練習 1 】

1. _____은/는 사람 이름입니다.

보기 : 이미영 → 이미영은 사람 이름입니다.
　　　스즈키 → 스즈키는 사람 이름입니다.

1) 배용준　　　　　　　2) 최지우

3) 장동건　　　　　　　4) 심은아

5) 브람　　　　　　　　6) 알렉스

7) 시무라 켄　　　　　　8) 사카이 에리

2. _____입니다.

보기 : 비빔밥 → 비빔밥입니다.

1) 찌개　　　　　　　　2) 삼계탕

3) 식혜　　　　　　　　4) 자장면

5) 파이　　　　　　　　6) 케이크

7) 스키야키　　　　　　8) 우동

3. _____이라고/라고 합니다.

보기 : 비빔밥입니다 → 비빔밥이라고 합니다.
　　　김치입니다 → 김치라고 합니다.

1) 친구입니다

2) 초콜릿입니다

3) 빵입니다

4) 과자입니다

5) 눈입니다

6) 코입니다

7) 입입니다

8) 귀입니다

【練習２】　🎧 TR5

１．反復（잘 부탁합니다. ： よろしくお願いします。）

　　1）처음 뵙겠습니다.

　　　　잘 부탁합니다.

　　2）이미영입니다.

　　　　잘 부탁합니다.

　　3）스즈키입니다.

　　　　잘 부탁합니다.

　　4）만나서 반갑습니다.

　　　　잘 부탁합니다.

２．反復（만나서 반갑습니다. ： お会いできてうれしいです。）

　　1）처음 뵙겠습니다.

　　　　만나서 반갑습니다.

　　2）이미영입니다.

　　　　만나서 반갑습니다..

　　3）스즈키입니다.

　　　　만나서 반갑습니다.

　　4）안녕하세요?

　　　　만나서 반갑습니다.

【新出単語】

이름 ： 名前　　　배용준 ： ペヨンジュン　　　최지우 ： チェジウ

장동건 ： チャンドンゴン　　　심은아 ： シムウナ　　　브람 ： ブラーム

알렉스 ： アレックス　　　시무라 켄 ： 志村ケン　　　사카이 에리 ： 酒井エリ

찌개 ： チゲ　　　삼계탕 ： サムゲタン　　　식혜 ： シッケ　　　자장면 ： ジャジャン麺

파이 ： パイ　　　케이크 ： ケーキ　　　스키야키 ： すき焼き　　　우동 ： うどん

김치 ： キムチ　　　친구 ： 友人、友達　　　초콜릿 ： チョコレート　　　빵 ： パン

과자 ： お菓子　　　눈 ： 目　　　코 ： 鼻　　　입 ： 口　　　귀 ： 耳

第2課 한국은 처음입니까?

이미영 : 한국은 처음입니까?

스즈키 : 아니에요, 처음이 아닙니다.

　　　　이번이 세 번째입니다.

이미영 : 그러세요.

　　　　한국의 어디가 좋습니까?

스즈키 : 글쎄요.

　　　　우선은 거리에 활기가 있습니다.

　　　　그것이 제일 좋습니다.

イミョン ： 韓国は初めてですか？
　鈴木　： いいえ、初めてではありません。
　　　　　今回が三回目です。
イミョン ： そうですか。
　　　　　韓国のどこがいいですか？
　鈴木　： そうですね。
　　　　　まずは街に活気があります。
　　　　　それが一番いいです。

【新出単語】

입니까? : ーですか?　　아니다 : 違う、そうでない

아니에요 : いいえ、ちがいます、そうではありません

이 아닙니다 : ーではありません　　이번 : 今回、今の度　　이 : ーが

세 번 : 三度、三回　　-째 : ー目　　그렇다 : そうだ　　의 : ーの

어디 : 何処　　가 : ーが　　좋다 : よい、よそしい　　-습니까? : ーですか?

글쎄 : はて、さあ、さて　　-요 : ーですね、ーです、ーですか、ーしてください

우선 : まず、さきに　　거리 : 街、通り、街道　　에 : ーに　　활기 : 活気

있다 : ある、いる　　그것 : それ　　제일 : 第一、一番

이 : この　　그 : その　　저 : あの　　어느 : どの　　무슨 : なんの

이것 : これ　　저것 : あれ　　어느것 : どれ　　무엇 : 何

저번 : 前回　　언제 : いつ　　이쪽 : こちら、こっち

그쪽 : そちら、そっち　　저쪽 :あちら、あっち　　어느쪽 : どちら、どっち

여기 : ここ　　거기 : そこ　　저기 : あそこ　　이렇게 : こう、このように

그렇게 : そう、そのように　　저렇게 : ああ、あのように

어떻게 : どう、どのように　　예 : はい　　학생 : 学生　　남자 : 男、男子

국밥 : クッパ　　중국 : 中国　　가 아닙니다 : ーではありません　　주부 : 主婦

여자 : 女、女子　　자주 : しばしば、よく　　멋지다 : すばらしい、格好いい

가정 : 家庭　　가정주부 : 専業主婦　　가족 : 家族　　건강 : 健康

없다 : ない、いない

【ポイント】

① 指示語　　TR7

이 (この)	그 (その)	저 (あの)	어느 (どの)	무슨 (何の)
이것 (これ)	그것 (それ)	저것 (あれ)	어느것 (どれ)	무엇 (何)
이번 (今回)		저번 (前回)		언제 (いつ)
이쪽 (こちら)	그쪽 (そちら)	저쪽 (あちら)	어느쪽 (どちら)	
여기 (ここ)	거기 (そこ)	저기 (あそこ)	어디 (どこ)	
이렇게 (こう)	그렇게 (そう)	저렇게 (ああ)	어떻게 (どう)	

② 体言＋「입니까?」

한국은 처음입니까?　　　　　　韓国は初めてですか。
　　예, 한국은 처음입니다.　　　　　はい、初めてです。
이미영씨는 학생입니까?　　　　イミョンさんは学生ですか。
　　예, 저는 학생입니다.　　　　　　はい、わたくしは学生です。
스즈키씨는 남자입니까?　　　　鈴木さんは男の人ですか。
　　예, 스즈키씨는 남자입니다.　　はい、鈴木さんは男の人です。

19

3 体言＋「이 아닙니다」

한국은 처음입니까?　　　　　　　韓国は初めてですか。

　아니에요, 한국은 처음이 아닙니다.

　　　　　　　　　　　　　　　いいえ、韓国は初めてではありません。

이미영씨는 학생입니까?　　　　　イミョンさんは学生ですか。

　아니에요, 저는 학생이 아닙니다.

　　　　　　　　　　　　　　　いいえ、私は学生ではありません。

국밥은 중국 음식입니까?　　　　　クッパは中国の食べ物ですか?

　아니에요, 국밥은 중국 음식이 아닙니다.

　　　　　　　　　　　いいえ、クッパは中国の食べ物ではありません。

※　体言＋「가 아닙니다」

한국은 세 번째입니까?　　　　　　韓国は三回目ですか?

　아니에요, 한국은 세 번째가 아닙니다.

　　　　　　　　　　　　　　　いいえ、韓国は三回目ではありません。

이미영씨는 주부입니까?　　　　　イミョンさんは主婦ですか。

　아니에요, 저는 주부가 아닙니다.

　　　　　　　　　　　　　　　いいえ、私は主婦ではありません。

스즈키씨는 여자입니까?　　　　　鈴木さんは女の人ですか。

　아니에요, 스즈키씨는 여자가 아닙니다.

　　　　　　　　　　　　いいえ、鈴木さんは女の人ではありません。

4 用言＋「-ㅂ니다」　🔊 TR8

감사합니다.　　　　　　　　　　ありがとうございます。
자주 만납니다.　　　　　　　　　よく会います。
이미영씨는 일본에 갑니다.　　　　イミョンさんは日本に行きます。

※　用言＋「-습니다」

고맙습니다.　　　　　　　　　　ありがとうございます。
제일 좋습니다.　　　　　　　　　一番いいです。
만나서 반갑습니다.　　　　　　　お会いできて嬉しいです。

5 　体言＋「이」

저쪽이 멋집니다. 　　　　　　　　あっちがすばらしいです。
이번이 세 번째입니다. 　　　　　　今回が三回目です。
그것이 제일 좋습니다. 　　　　　　それが一番いいです。

※ 　体言＋「가」

여기가 좋습니다. 　　　　　　　　ここがいいです。
활기가 있습니다. 　　　　　　　　活気があります。
가정 주부가 제일입니다. 　　　　　専業主婦が一番です。

6 　体言＋「의」

한국의 어디 　　　　　　　　　　韓国の何処
거리의 활기 　　　　　　　　　　街の活気
가족의 건강 　　　　　　　　　　家族の健康

※ 　일본 음식 　　　　　　　　　日本の食べ物
　　한국 사람 　　　　　　　　　韓国の人
　　한글 공부 　　　　　　　　　ハングルの勉強

7 　体言＋「에」

거리에 활기가 있습니다. 　　　　　街に活気があります。
이쪽에 남자가 있습니다. 　　　　　こちらに男の人がいます。
저기에 학생이 있습니다. 　　　　　あそこに学生がいます。

※ 　거리에 활기는 없습니다. 　　　街に活気はありません。
　　이쪽에 남자는 없습니다. 　　　こちらに男の人はいません。
　　저기에 학생은 없습니다. 　　　あそこに学生はいません。

【練習1】

1. 가 : _____이/가 _____입니까?
   나 : _____이/가 _____입니다.
   보기 : 어느것 / 오이 / 이것
   　　　→ 가 : 어느것이 오이입니까?
   　　　　　나 : 네, 이것이 오이입니다.

   1) 어느것 / 사과 / 그것　　　2) 어느것 / 배 / 이것

   3) 언제 / 처음 / 오늘　　　　4) 언제 / 두 번째 / 내일

   5) 어느쪽 / 지하철역 / 이쪽　6) 어느쪽 / 은행 / 저쪽

   7) 어디 / 서울시청 / 여기　　8) 어디 / 조선호텔 / 저기

2. _____입니다　→　아니에요, _____가/이 아닙니다.
   보기 : 찌개입니다　　→　아니에요, 찌개가 아닙니다.
   　　　삼계탕입니다　→　아니에요, 삼계탕이 아닙니다.

   1) 양파입니다　　　　　2) 당근입니다

   3) 감자입니다　　　　　4) 호박입니다

   5) 고구마입니다　　　　6) 버섯입니다

   7) 옥수수입니다　　　　8) 쌀입니다

3. 副詞 (또 / 제일 / 대단히 / 참 / 잘 / 정말)
   보기 : 또 만나다　→　또 만납니다.
   　　　제일 좋다　→　제일 좋습니다.

   1) 대단히 감사하다

   2) 참 반갑다

   3) 잘 부탁하다

   4) 정말 고맙다

22

【練習２】　　TR9

1．反復（처음입니까？：初めてですか？）

　　1) 한국은 처음입니까?
　　　　예, 한국은 처음입니다.
　　2) 삼계탕은 처음입니까?
　　　　예, 삼계탕은 처음입니다.
　　3) 서울시청은 처음입니까?
　　　　예, 서울시청은 처음입니다.
　　4) 지하철은 처음입니까?
　　　　예, 지하철은 처음입니다.

2．反復　（있습니다 / 없습니다

　　　　　：あります/ありません、います/いません）
　　1) 양파가 있습니다. 당근은 없습니다.
　　2) 감자가 있습니다. 고구마는 없습니다.
　　3) 버섯이 있습니다. 호박은 없습니다.
　　4) 쌀이 있습니다. 옥수수는 없습니다.
　　5) 고양이가 있습니다. 개는 없습니다.
　　6) 스즈키씨는 있습니다. 노무라씨는 없습니다.
　　7) 주부가 있습니다. 학생은 없습니다.
　　8) 한국 사람이 있습니다. 일본 사람은 없습니다.

【新出単語】

오이：キュウリ　　배：梨　　오늘：今日　　두 번：二回　　내일：明日
지하철：地下鉄　　역：駅　　은행：銀行　　서울시청：ソウル市庁
조선호텔：朝鮮ホテル　　양파：たまねぎ　　당근：人参
감자：ジャガイモ　　호박：カボチャ　　고구마：サツマイモ
버섯：しいたけ、きのこ　　옥수수：トウモロコシ　　쌀：米
대단히：大いに　　참：まことに、本当に　　정말：本当に　　개：犬
노무라：野村

第3課 여기가 숙사예요.

이미영 : 여기가 숙사예요.

　　　　주위가 참 깨끗하지요.

스즈키 : 아직 새 건물이에요?

　　　　경관이 매우 좋아요.

이미영 : 네, 그래요.

　　　　방은 이인 일실이에요. 책상과 의자,

　　　　그리고 옷장하고 이단 침대가 있어요.

스즈키 : 야, 방도 넓고, 경치도 좋고,

　　　　숙사가 정말 근사해요.

イミョン　：　ここが寮です。
　　　　　　周りが本当にきれいでしょう。
　鈴木　　：　まだ新しい建物ですか？
　　　　　　景観がとってもいいです。
イミョン　：　はい、そうです。
　　　　　　部屋は二人部屋です。机と椅子、そしてクロゼットと
　　　　　　二段ベッドがあります。
　鈴木　　：　うわ、部屋も広いし、景色もいいし、寮が本当に素敵です。

숙사 : 宿舎、寮　　예요 : －です　　　　주위 : 周囲、回り

깨끗하다 : 清潔だ、きれいだ　　　-지요 : －でしょう、－ましょう

아직 : まだ、いまだ　　새 : 新しい　　건물 : 建物

이에요? : －ですか?　　경관 : 景観、景色　　매우 : とても、たいへん、非常に

-아요 : －です、－ます　　방 : 部屋　　이인 : 二人

일실 : 一室、一部屋　　이인 일실 : 二人部屋　　책상 : 机　　과 : －と

의자 : 椅子　　그리고 : そして　　옷장 : クロゼット　　하고 : －と

이단 : 二段　　침대 : ベッド　　-어요 : －です、－ます　　야 : うわ

도 : －も　　넓다 : 広い　　-고 : －し　　경치 : 景色、風景

근사하다 : 格好いい、すばらしい

이에요 : －です　　화장실 : 化粧室、トイレ　　숙제 : 宿題

예요? : －ですか?　　하늘 : そら　　맑다 : 澄む、きれいだ　　도쿄 : 東京

신문 : 新聞　　을 : －を　　보다 : 見る　　먹다 : 食べる　　콜라 : コーラ

마시다 : 飲む　　배우다 : 学ぶ　　-여요 : －です、－ます

아름답다 : 美しい　　날씨 : 天気　　책 : 本　　노트 : ノート　　와 : －と

바늘 : 針　　실 : 糸　　활 : 弓　　화살 : 矢

【ポイント】

1　体言＋「이에요」　　🅒 TR11

아직 새 건물이에요.　　　　　　まだ新しい建物です。

저쪽이 화장실이에요.　　　　　　あちらがトイレです。

방은 이인 일실이에요.　　　　　　部屋は二人部屋です。

※　아직 새 건물이에요?　　　　まだ新しい建物ですか?

저쪽이 화장실이에요?　　　　あちらがトイレですか?

방은 이인 일실이에요?　　　部屋は二人部屋ですか?

※　体言＋「예요」

여기가 숙사예요.　　　　　　ここが宿舎です。

이것이 숙제예요.　　　　　　これが宿題です。

저 사람이 스즈키씨예요.　　　あの人が鈴木さんです。

※　여기가 숙사예요?　　　　ここが宿舎ですか?

이것이 숙제예요?　　　　これが宿題ですか?

저 사람이 스즈키씨예요?　　あの人が鈴木さんですか?

2 用言＋「-아요」

경관이 매우 좋아요.	景観がとてもいいです。
사람이 정말 많아요.	人が本当に多いです。
하늘이 참 맑아요.	空がまことにきれいです。（澄んでいます）

※ 도쿄에 가요. 　　　　　　　東京に行きます。
　　한국에 와요. 　　　　　　　韓国に来ます。
　　신문을 봐요. 　　　　　　　新聞を読みます。

※ 用言＋「-어요」

비빔밥을 먹어요. 　　　　　　ビビンバを食べます。
이단 침대가 있어요. 　　　　二段ベッドがあります。
방이 정말 넓어요. 　　　　　部屋が本当に広いです。

※ 저쪽이 멋져요. 　　　　　　あちらがすばらしいです。
　　콜라를 마셔요. 　　　　　　コーラを飲みなす。
　　한글을 배워요. 　　　　　　ハングルを習います。

※ 用言＋「-여요」

잘 부탁해요. 　　　　　　　　よろしくお願いします。
주위가 참 깨끗해요. 　　　　囲りがまことにきれいです。
숙사가 정말 근사해요. 　　　寮が本当に格好いいです。

3 用言＋「-지요 (-죠)」

주위가 참 깨끗하지요. 　　　周りがまことにきれいでしょう。
(주위가 참 깨끗하죠.) 　　　　　　　　　（清潔でしょう）
경관이 너무 아름답지요. 　　景観があまりにも美しいでしょう。
(경관이 너무 아름답죠.)
날씨가 참 좋지요. 　　　　　天気が本当にいいでしょう。
(날씨가 참 좋죠.)

4 体言＋「과」　　　🔊 TR12

책과 노트　　　　　　　　　本とノート
책상과 의자　　　　　　　　机と椅子
옷장과 이단 침대　　　　　　クロゼットと二段ベッド

※　体言＋「와」

노트와 책　　　　　　　　　ノートと本
의자와 책상　　　　　　　　椅子と机
이단 침대와 옷장　　　　　　二段ベットとクロゼット

※　体言＋「하고」

바늘하고 실하고　　　　　　針と糸と
활하고 화살하고　　　　　　弓と矢と
여자하고 남자하고　　　　　女と男と

5 体言＋「도」

방도 넓어요.　　　　　　　部屋も広いです。
경치도 좋아요.　　　　　　景色も良いです。
의자도 있어요.　　　　　　椅子もついています。

6 用言＋「-고」

바늘도 있고 실도 있어요.　　針もあり糸もあります。
방도 넓고 경치도 좋아요.　　部屋も広いし、景色もいいです。
옷장도 있고 책상도 있어요.　クロゼットもあり机もあります。

【練習１】

1. 가 : _____이/가 _____이에요?/예요?
   나 : _____이/가 _____이에요./예요.
   보기 : 어느것 / 오이 / 이것
   → 가 : 어느것이 오이예요?
   나 : 이것이 오이예요.

   1) 어느것 / 사과 / 그것   2) 어느것 / 배 / 이것

   3) 언제 / 처음 / 오늘   4) 언제 / 두 번째 / 내일

   5) 어느쪽 / 지하철역 / 이쪽   6) 어느쪽 / 은행 / 저쪽

   7) 어디 / 서울시청 / 여기   8) 어디 / 조선호텔 / 저기

2. _____아요/어요/여요.
   보기 : 같이 만나다   →   같이 만나요.
   많이 먹다   →   많이 먹어요.
   정말 근사하다 →   정말 근사해요.

   1) 편히 앉다   2) 푹 자다

   3) 실컷 놀다   4) 예쁘게 찍다

   5) 늘 기다리다   6) 자주 싸우다

   7) 잘 부탁하다   8) 대단히 감사하다

3. _____과/와/하고 _____
   보기 : 비빔밥, 김치   →   비빔밥과 김치
   →   김치와 비빔밥
   →   김치하고 비빔밥하고

   1) 당근 / 양파   2) 호박 / 감자

   3) 버섯 / 고구마   4) 쌀 / 옥수수

   5) 삼계탕 / 찌개   6) 자장면 / 식혜

   7) 케이크 / 파이   8) 우동 / 스키야키

4. _____고 _____아요/어요/여요.

   보기 : 많이 먹다 / 푹 자다

      → 많이 먹고 푹 자요.

   1) 참 멋지다 / 정말 근사하다

   2) 실컷 놀다 / 열심히 공부하다

   3) 자주 만나다 / 자주 싸우다

   4) 매우 깨끗하다 / 매우 맑다

【練習 2】　 TR13

1. 反復（매우 좋아요! 매우 좋아해요! : とてもいいです。大好きです。）

   1) 방이 매우 좋아요!　　　　　　部屋がとてもいいです。

   2) 경치가 매우 좋아요!　　　　　景色がとてもいいです。

   3) 한국을 매우 좋아해요!　　　　韓国が大好きです。

   4) 김치를 매우 좋아해요!　　　　キムチが大好きです。

2. 反復（정말 근사해요. : 本当に素敵です。）

   1) 방이 정말 근사해요.　　　　　部屋が本当に素敵です。

   2) 경치가 정말 근사해요.　　　　景色が本当に素敵です。

   3) 주위가 정말 근사해요.　　　　周りが本当に素敵です。

   4) 건물이 정말 근사해요.　　　　建物が本当に素敵です。

【新出単語】

같이 : 一緒に　　　편히 : 安らかに、楽に　　　앉다 : 座る
푹 : ぐっすり、ぐっすりと　　　자다 : 寝る、眠る
실컷 : 思い切り、思う存分、心ゆくまで　　　놀다 : 遊ぶ　　　예쁘게 : きれいに
찍다 : (写真を) 取る　　　늘 : いつも　　　기다리다 : 待つ
싸우다 : 戦う、喧嘩する　　　열심히 : 熱心に、一生懸命に　　　공부하다 : 勉強する

스즈키 : 수업은 언제부터 시작돼요?

이미영 : 삼월 이일부터예요.

스즈키 : 그날은 무슨 요일이지요?

이미영 : 삼월 일일이 월요일, 그러니까

　　　　삼월 이일은 화요일이네요.

스즈키 : 개강까지 아직 일주일은 있네요.

이미영 : 그때까지 뭐 해요?

스즈키 : 먼저 짐부터 정리하고 싶어요.

　　　　그 다음에는 대학교 주변을

　　　　돌아보고 싶어요.

　　鈴木　：　授業はいつから始まりますか。
イミョン　：　三月二日からです。
　　鈴木　：　その日は何曜日ですか？
イミョン　：　三月一日が月曜日、だから三月二日は火曜日ですね。
　　鈴木　：　開講までまだ一週間はありますね。
イミョン　：　その時まで何をしますか？
　　鈴木　：　まず荷物から整理したいです。その次には大学の周辺を
　　　　　　　回ってみたいです。

【新出単語】

삼월：三月　　이일：二日　　부터：－から　　수업：授業

시작되다：始まる　　-어요?：－ですか?、－ますか?　　그날：その日

요일：曜日　　-이지요?：－ですか?　　일일：一日　　월요일：月曜日

그러니까：だから　　화요일：火曜日　　-이네요：－ですね　　개강：開講

까지：－まで　　일주일：一週間　　-네요：－ですね、－ますね　　그때：その時

뭐：何　　하다：する　　먼저：まず、先に　　짐：荷、荷物

정리하다：整理する　　-고 싶다：－たい　　다음：次　　에는：－には

대학교：大学　　주변：周辺　　돌아보다：回ってみる

일：一　　이：二　　삼：三　　사：四　　오：五　　육：六　　칠：七

팔：八　　구：九　　십：十　　십일：十一　　십이：十二　　십삼：十三

십사：十四　　십오：十五　　십육：十六　　십칠：十七　　십팔：十八

십구：十九　　이십：二十　　삼십：三十　　사십：四十　　오십：五十

육십：六十　　칠십：七十　　팔십：八十　　구십：九十　　백：百

백일：百一　　백이：百二　　이백：二百　　삼백：三百　　천：千

만：万　　십만：十万　　백만：百万　　천만：千万　　억：億　　조：兆

【ポイント】

1 数詞（漢字語数詞）　TR15

1	2	3	4	5	6	7	8	9	10
일	이	삼	사	오	육	칠	팔	구	십
11	12	13	14	15	16	17	18	19	20
십일	십이	십삼	십사	십오	십육	십칠	십팔	십구	이십
30	40	50	60	70	80	90	100	101	102
삼십	사십	오십	육십	칠십	팔십	구십	백	백일	백이
200	300	千	一万	十万	百万	千万	億	兆	0
이백	삼백	천	만	십만	백만	천만	억	조	영/공

2 曜日

월요일	화요일	수요일	목요일	금요일	토요일	일요일
(月曜日)	(火曜日)	(水曜日)	(木曜日)	(金曜日)	(土曜日)	(日曜日)

3 用言＋「-네요」

날씨가 참 좋네요. 　　　　　　　天気がまことにいいですね。

아직 일주일은 있네요. 　　　　　　まだ一週間ありますね。

삼월 이일은 화요일이네요. 　　　　三月二日は火曜日ですね。

4 体言＋「이지요? (이죠?)」　　　TR16

그 날이 무슨 요일이지요? 　　　　その日は何曜日ですか？
(그 날이 무슨 요일이죠?)

삼월 삼일이 무슨 날이지요? 　　　三月一日は何の日ですか？
(삼월 삼일이 무슨 날이죠?)

아직 새 건물이지요? 　　　　　　まだ新しい建物ですね？
(아직 새 건물이죠?)

※ 体言＋「이지요? ［지요? (죠?)］」

스즈키씨이지요? 　　　　　　　鈴木さんですね？
［스즈키씨지요?］
(스즈키씨죠?)

이것이 무슨 영화이지요? 　　　　これは何の映画ですか？
［이것이 무슨 영화지요?］
(이것이 무슨 영화죠?)

개강이 언제이지요? 　　　　　　開講はいつですか？
［개강이 언제지요?］
(개강이 언제죠?)

5 用言＋「-고 싶어요」

푹 자고 싶어요. 　　　　　　　ぐっすりと寝たいです。

많이 먹고 싶어요. 　　　　　　たくさん食べたいです。

실컷 돌아보고 싶어요. 　　　　存分にまわって見たいです。

6 体言＋「을」

낮잠을 자요.　　　　　　　　昼寝をします。
삼계탕을 먹어요.　　　　　　サムゲタンを食べます。
대학교 주변을 돌아봐요.　　大学の周辺を回ってみます。

※　体言＋「를」

영화를 봐요.　　　　　　　　映画を見ます。
커피를 마셔요.　　　　　　　コーヒーを飲みます。
만화를 읽어요　　　　　　　漫画を読みます。

7 体言＋「부터」

월요일부터 일해요.　　　　　　月曜日から働きます。
먼저 짐부터 정리해요.　　　　まず荷物から整理します。
수업은 삼월 이일부터 시작돼요.　授業は三月二日から始まります。

8 体言＋「까지」

토요일까지 근무해요.　　　　　土曜日まで働きます。
그때까지 저녁을 먹어요.　　　その時まで夕飯を食べます。
개강까지 아직 일주일은 있네요.　開講までまだ一週間はありますね。

【練習1】

1. 漢数詞読み
   보기 : 342,156 → 삼십 사만 이천 백 오십 육
   1) 304,215　　　　　　　　　2) 340,021
   3) 34,256　　　　　　　　　 4) 789,078
   5) 6,040　　　　　　　　　　6) 78,006
   7) 3,758,492　　　　　　　　8) 1,115,404

2. _____고 싶어요.
   보기 : 같이 만나다 → 같이 만나고 싶어요.
   1) 편히 앉다　　　　　　　　2) 푹 자다
   3) 실컷 놀다　　　　　　　　4) 예쁘게 찍다
   5) 늘 기다리다　　　　　　　6) 먼저 이해하다
   7) 잘 부탁하다　　　　　　　8) 열심히 공부하다

3. _____를/을 _____아요/어요/여요.
   보기 : 한국어 / 공부하다 → 한국어를 공부해요.
   1) 닭갈비 / 먹다　　　　　　2) 점심 / 먹다
   3) 도구 / 정리하다　　　　　4) 짐 / 정리하다
   5) 스즈키씨 / 기다리다　　　6) 선생님 / 기다리다
   7) 신문 / 보다　　　　　　　8) 만화 / 보다

4. _____를/을 _____네요.
   보기 : 한국말 / 공부하다 → 한국말을 공부하네요.
   1) 닭갈비 / 먹다　　　　　　2) 점심 / 먹다
   3) 도구 / 정리하다　　　　　4) 짐 / 정리하다
   5) 스즈키씨 / 기다리다　　　6) 선생님 / 기다리다
   7) 신문 / 보다　　　　　　　8) 만화 / 보다

1. 反復 (처음부터 끝까지 : はじめから終わりまで)

    1) 처음부터 끝까지 합니다.

    2) 처음부터 끝까지 봅니다.

    3) 처음부터 끝까지 읽습니다.

    4) 처음부터 끝까지 먹습니다.

2. 反復 (언제부터예요? : いつからですか？)

    1) 언제부터예요?   5 월 5 일부터예요.

    2) 언제부터예요?   10 월 1 일부터예요.

    3) 언제부터예요?   화요일부터예요.

    4) 언제부터예요?   토요일부터예요.

3. 反復 (뭐 해요? : 何をしますか？)

    1) 뭐 해요?   빨래해요.

    2) 뭐 해요?   청소해요.

    3) 뭐 해요?   숙제해요.

    4) 뭐 해요?   설겆이해요.

【新出単語】

사만 : 四万   이천 : 二千   한국어 : 韓国語   닭갈비 : ダッカルビ

점심 : 昼、昼食   도구 : 道具   선생님 : 先生   끝 : 終わり

빨래하다 : 洗う、洗濯する   청소하다 : 掃除する   숙제하다 : 宿題する

설겆이하다 : （食事の）後片付けする

第5課 MT 가 뭐예요?

이미영 : 스즈키씨, 내일 MT 가요?

스즈키 : MT 가 뭐예요?

이미영 : 신입생 합숙회, 몰라요?

스즈키 : 몰라요. 그것이 뭐예요?

이미영 : 한국에서는 학기 초에 MT 라는 것이

　　　　있어요.

스즈키 : 아, 그러면 가야죠.

　　　　이미영씨는 안 가요?

이미영 : 저는 다음주 시험 때문에 못 가요.

イミョン　：　鈴木さん、明日 MT に行きますか？
　鈴木　　：　MT って何ですか？
イミョン　：　新入生の合宿、知りませんか？
　鈴木　　：　知りません。それ何ですか？
イミョン　：　韓国では学期の始めに MT というものがあります。
　鈴木　　：　それなら行くべきでしょう。
　　　　　　　ミョンさんは行きませんか？
イミョン　：　私は来週の試験のために行けません。

【新出単語】

MT：新入生対象の合宿(membership training の略語)　　　신입생：新入生

합숙회：合宿会　　모르다：わからない、知らない　　에서:－で

학기：学期　　초：始め　　-라는 것이：－というものが

아：ああ（感嘆詞）　　그러면：それなら

-야죠：－しなくてはならない、－するべきだ　　안：－しない、－くない（否定）

주：週　　다음주：来週　　시험：試験　　때문에：－のせいで

못：－できない（可能否定）

어제：昨日　　모레：あさって　　지난주：先週　　전주：先週

이번주：今週　　금주：今週　　내주：来週　　다다음주：再来週

지난달：先月　　이번달：今月　　다음달：来月　　다다음달：再来月

지난해：去年　　작년：昨年　　올해：今年　　금년：今年

다음해：来年　　내년：来年　　다다음해：再来年　　후년：再来年

텔레비전：テレビ　　학교：学校　　혼자서：一人で　　집：家

극장：劇場、映画館　　핸드폰：携帯電話　　쓰다：使う　　태풍：台風

고생하다：苦労する　　힘들다：大変だ、辛い　　영어：英語　　머리：頭

아프다：痛い　　디카（디지털 카메라）：デジタルカメラ　　파파야：パパイヤ

수정과：スジョングァ　　탕수육：タンスユク（湯酢肉、韓国式の酢豚）

설렁탕：ソルロンタン（牛の肉や骨、内蔵を煮出したスープ）　　자판기：自動販売機

캠코더（비디오 카메라）：ビデオカメラ

【ポイント】

1　時制　　TR19

어제(昨日)	오늘(今日)	내일(明日)	모레(あさって)
지난주/전주(先週)	이번주/금주(今週)	다음주/내주(来週)	다다음주(再来週)
지난달(先月)	이번달(今月)	다음달(来月)	다다음달(再来月)
지난해/작년 (去年、昨年)	올해/금년 (今年)	다음해/내년 (来年)	다다음해/후년 (再来年)

2　「안」＋用言

일본에 안 가요.　　　　　　日本へ行きません。
사과는 안 먹어요.　　　　　りんごは食べません。
텔레비전을 안 봐요.　　　　テレビを見ません。

※　일본에 안 가요?　　　　日本へ行かないですか？
　　사과는 안 먹어요?　　　りんごは食べないですか？
　　텔레비전을 안 봐요?　　テレビを見ないですか？

37

3 「못」＋ 用言

学校에는 아직 못 가요.　　　　学校にはまだ行けません。
혼자서는 집에 못 있어요.　　　一人では家に居られません。
극장에서는 핸드폰을 못 써요.　映画館では携帯電話が使えません。

※　학교에는 아직 못 가요?　　　学校にはまだ行けませんか？
　　혼자서는 집에 못 있어요?　一人で家に居られませんか？
　　극장에서는 핸드폰을 못 써요?
　　　　　　　　　　　　　　　　映画館では携帯電話が使えませんか？

4 体言 ＋「때문에」　　TR20

태풍 때문에 고생해요.　　　台風のせいで苦労します。
공부 때문에 힘들어요.　　　勉強のせいで大変です。
영어 때문에 머리가 아파요.　英語のせいで頭が痛いです。

5 体言 ＋「이라는 것이 있어요」

국밥이라는 것이 있어요.　　　クッパというものがあります。
비빔밥이라는 것이 있어요.　　ビビンバというものがあります。
삼계탕이라는 것이 있어요.　　サムゲタンというものがあります。

※　体言 ＋「라는 것이 있어요」
디카라는 것이 있어요.　　　　ディカというものがあります。
파파야라는 것이 있어요.　　　パパイヤというものがあります。
수정과라는 것이 있어요.　　　スジョングァというものがあります。

6 体言 ＋「이 뭐예요?」

탕수육이 뭐예요?　　　タンスユクって何ですか？
설렁탕이 뭐예요?　　　ソルロンタンって何ですか？
자장면이 뭐예요?　　　ジャジャンミョンって何ですか？

※　体言 ＋「가 뭐예요?」

디카가 뭐예요?　　　　　ディカって何ですか？
자판기가 뭐예요?　　　　自販機って何ですか？
캠코더가 뭐예요?　　　　ケムコーダーって何ですか？

※　　자판기가 자동판매기예요.　　自販機は自動販売機です。
　　디카가 디지털 카메라예요.　　ディカはデジタルカメラです。
　　캠코더가 비디오 카메라예요.　ケムコーダーはビデオカメラです。

38

【練習1】

1. 안 _____아요/어요/여요.

   보기 : 신발을 사다 → 신발을 안 사요.

   1) 동물원에 가다   2) 도서관에 가다

   3) 수첩을 사다   4) 김밥을 사다

   5) 피자를 먹다   6) 순대를 먹다

   7) 여행을 하다   8) 샤워를 하다

   2. 가 : _____을/를 _____아요/어요/여요?

   나 : 아니오, _____은/는 안 _____아요/어요/여요.

   보기 : 사과를 먹다
       → 가 : 사과를 먹어요?
          나 : 아니오, 사과는 안 먹어요.

   1) 수족관에 가다   2) 학교에 가다

   3) 텔레비전을 사다   4) 캠코더를 사다

   5) 자장면을 먹다.   6) 설렁탕을 먹다

   7) 숙제를 하다   8) 목욕을 하다.

3. 가 : _____이/가 뭐예요?

   나 : _____이에요/예요.

   보기 : MT / 신입생 합숙회
       → 가 : MT가 뭐예요?
          나 : 신입생 합숙회예요.

   1) 순두부찌개 / 두부 요리   2) 자장면 / 한국식 중국 요리

   3) 파파야 / 과일 이름   4) 식혜 / 한국 전통 음료

   5) 캠코더 / 비디오 카메라   6) 자판기 / 자동판매기

   7) 디카 / 디지털 카메라   8) 핸드폰 / 휴대용 전화

4. 가 : ＿＿＿＿＿을/를 ＿＿＿＿＿아요/어요/여요?

　　나 : 아니오, 저는 ＿＿＿＿＿을/를 못 ＿＿＿＿＿아요/어요/여요.

　　보기 : MT / 가다
　　　→ 가 : MT 를 가요?
　　　　　나 : 아니오, 저는 MT 를 못 가요.

1) 해외여행 / 가다　　　　　　2) 스키 / 타다

3) 한글 / 읽다　　　　　　　　4) 춤 / 추다

5) 순대 / 먹다　　　　　　　　6) 컴퓨터 / 쓰다

7) 채팅 / 하다　　　　　　　　8) 한글 워드 / 치다

【練習2】　TR21

1. 反復 (그럼 가야죠. : もちろん行かなくては。)

　1) 오늘, 학교 가요?

　　　그럼 가야죠.

　2) 오늘, 동아리 모임 가요?

　　　그럼 가야죠.

　3) 오늘, 신입생 환영회 가요?

　　　그럼 가야죠.

　4) 오늘, 영화 구경 가요?

　　　그럼 가야죠.

【新出単語】

신발 : 履物、靴　　　사다 : 買う　　　동물원 : 動物園　　　도서관 : 図書館

수첩 : 手帳　　김밥 : のりまき　　피자 : ピザ

순대 : スンデ (韓国式の腸詰め)　　여행 : 旅行　　샤워 : シャワー

아니오 : いいえ　　수족관 : 水族館　　목욕 : お風呂

순두부 : スンドゥブ (押し固めていない豆腐)　　두부 : 豆腐

요리 : 料理　　식 : 式、風　　과일 : 果物　　전통 : 伝統　　음료 : 飲み物

휴대용 : 携帯用　　전화 : 電話　　해외 : 海外　　스키 : スキー

타다 : (スキーを) する　　춤 : 踊り　　추다 : 踊る　　채팅 : チャット

컴퓨터 : コンピューター　　한글 워드 : ハングルワード　　치다 : 打つ

동아리 : サークル　　모임 : 集い、集まり　　환영회 : 歓迎会　　구경 : 見物

스즈키 : 아저씨, 스탠드는 어디에서 팔아요?

아저씨 : 전자상가에서 팔아요.

스즈키 : 전자상가는 어디에 있어요?

아저씨 : 용산에 있어요.

　　　　걸어서 십 분 정도 걸려요.

스즈키 : 거기는 안 비싸요?

아저씨 : 아니오, 비싸지 않아요.

　　　　싸고 좋은 물건이 많아요.

스즈키 : 그런데, 용산은 어떻게 가지요?

아저씨 : 가면서 물어봐요.

　　鈴木　　：　おじさん、電気スタンドはどこで売っていますか？
おじさん　：　家電専門街で売っています。
　　鈴木　　：　家電専門街はどこにありますか？
おじさん　：　ヨンサンにあります。
　　　　　　　歩いて１０分くらいかかります。
　　鈴木　　：　そこは高くないですか？
おじさん　：　いいえ、高くありません。
　　　　　　　安くていいものが多いです。
　　鈴木　　：　ところで、ヨンサンはどうやって行きますか？
おじさん　：　歩きながら聞いてみてください。

팔다 : 売る　　아저씨 : おじさん　　　스탠드 : 電気スタンド

전자 : 電子　　　상가 : 商店街　　　전자상가 : 家電専門街（電子商街）

용산 : ヨンサン（龍山）　　걷다 : 歩く　　분 : 分　　정도 : くらい、程、程度

걸리다 : かかる　　비싸다 : （価格が）高い　　-지 않다 : －くない、－ない

싸다 : 安い　　물건 : もの　　많다 : 多い　　그런데 : ところで

-면서 : －ながら　　물어보다 : 尋ねてみる、聞いてみる

쇼핑 : ショッピング　　환전 : 両替　　선물 : プレゼント　　병원 : 病院

이야기 : 話　　식사 : 食事　　서다 : 立つ、止まる　　버스 : バス　　돈 : お金

빌리다 : 借りる、貸す　　걸다 : かける　　답답하다 : もどかしい　　말 : 言葉

말을 하다 : しゃべる　　길 : 道　　위험하다 : 危ない、危険だ

심심하다 : 退屈だ　　받다 : もらう、受ける　　닫다 : 閉める　　묻다 : 埋める

듣다 : 聞く　　묻다 : 問う、尋ねる　　매일 : 毎日　　둘(두) : 2

시간 : 時間　　음악 : 音楽　　주소 : 住所　　전화번호 : 電話番号

다니다 : 通う　　일 : 仕事　　빨래 : 洗濯　　웃다 : 笑う

살다 : 生きる、暮らす、住む　　예쁘다 : きれいだ　　가방 : カバン

다르다 : 違う、異なる　　문화 : 文化　　작다 : 小さい　　쓰레기 : ごみ

문제 : 問題　　목 : 首、のど　　소리 : 音　　목소리 : 声

【ポイント】

1　体言 ＋「에서」　　　TR23

한국에서 쇼핑을 해요.	韓国で買い物をします。
학교에서 공부를 해요.	学校で勉強をします。
은행에서 환전을 해요.	銀行で両替をします.

※　어디에서 쇼핑을 해요?	どこで買い物をしますか？
어디에서 공부를 해요?	どこで勉強をしますか？
어디에서 환전을 해요?	どこで両替をしますか？

2　用言 ＋「-지 않아요」

선물을 사지 않아요.	プレゼントを買いません。
신문을 보지 않아요.	新聞を読みません。
병원에 가지 않아요.	病院に行きません。

3　用言 ＋「-아서」

앉아서 이야기를 해요.　　　　　座って話をします。
집에 와서 식사를 해요.　　　　　家に来て食事をします。
학교에 가서 공부를 해요.　　　　学校へ行って勉強をします。

※　用言＋「-어서」

서서 버스를 기다려요.　　　　　立ってバスを待ちます。
돈을 빌려서 책을 사요.　　　　　お金を借りて本を買います。
전화를 걸어서 이야기를 해요.　　電話をかけて話をします。

※　用言＋「-여서」

답답해서 말을 못 해요.　　　　　もどかしくて喋れません。
길이 위험해서 못 가요.　　　　　道が危険で行けません。
심심해서 텔레비전을 봐요.　　　　退屈でテレビを見ます。

4　「ㄷ」不規則用言　　TR24

	原型	-아요/어요	-아서/여서	-(으)면
規則	받다	받아요	받아서	받으면
	닫다	닫아요	닫아서	닫으면
	묻다	묻어요	묻어서	묻으면
不規則	듣다	들어요	들어서	들으면
	걷다	걸어요	걸어서	걸으면
	묻다	물어요	물어서	물으면

매일 2시간 걸어요.　　　　　　毎日二時間歩きます。
이 음악을 자주 들어요.　　　　　この音楽をよく聞きます。
주소하고 전화번호를 물어요.　　住所と電話番号を聞きます。

5　用言 ＋「-면서」

신문을 보면서 식사를 해요.　　新聞を読みながら食事をします。
학교에 다니면서 일을 해요.　　学校に通いながら仕事をします。
빨래를 하면서 텔레비전을 봐요.　洗濯をしながらテレビを見ます。

※　用言 ＋「-으면서」

매일 웃으면서 살아요.　　　　　毎日笑いながら暮らします。
길을 걸으면서 전화를 해요.　　道を歩きながら電話をします。
책을 읽으면서 음악을 들어요.　　本を読みながら音楽を聞きます。

43

6 用言＋「-ㄴ」（形容詞連体形）

예쁜 가방을 사요	きれいなカバンを買います。
비싼 음식을 먹어요.	高い食べ物を食べます。
다른 문화를 공부해요.	違う文化を勉強します。

※ 用言＋「-은」

작은 집에서 살아요.	小さな家に住んでいます。
많은 쓰레기가 문제예요.	多くのゴミが問題です。
목소리가 좋은 사람이 있어요.	声のいい人がいます。

전자상가는 물건이 많아요.

물건이 싸요.

【練習 1】

1. _____에서 _____아요/어요/여요.
   보기 : 전자상가 / 팔다 → 전자상가에서 팔아요.
   1) 병원 / 기다리다   2) 학교 / 숙제하다

   3) 공항 / 만나다   4) 유원지 / 놀다

   5) 도서관 / 공부하다   6) 교토 / 관광하다

   7) 서울 / 살다   8) 회사 / 일하다

2. _____은/는 _____지 않아요.
   보기 : 과자 / 사다 → 과자는 사지 않아요.
   1) 영화 / 보다   2) 영어 / 쓰다

   3) 우표 / 사다   4) 밥 / 먹다

   5) 신문 / 보다   6) 숙제 / 하다

   7) 이야기 / 하다   8) 우유 / 마시다

3. _____(으)면서 _____아요/어요/여요 .
   보기 : 식사를 하다 / 신문을 보다
       → 식사를 하면서 신문을 봐요.
   1) 청소를 하다 / 전화를 받다   2) 옷을 입다 / 전화를 걸다

   3) 밥을 먹다 / 텔레비전을 보다   4) 음악을 듣다 / 숙제를 하다

   5) 여행을 하다 / 사진을 찍다   6) 친구를 기다리다 / 신문을 읽다

   7) 이야기를 하다 / 길을 걷다   8) 영화를 보다 / 콜라를 마시다

4. _____(으)ㄴ _____
   보기 : 예쁘다 / 구두 → 예쁜 구두
   1) 적다 / 월급   2) 부지런하다 / 유학생

   3) 밝다 / 미소   4) 쓰다 / 약

   5) 많다 / 숙제   6) 위험하다 / 범죄

   7) 높다 / 산   8) 심각하다 / 문제

5. 가 : _____지 않아요?

　　나 : _____(으)ㄴ 것도 있어요.

　　보기 : 비싸다 / 싸다

　　　　→ 가 : 비싸지 않아요?

　　　　　　나 : 싼 것도 있어요.

　　1) 나쁘다 / 좋다　　　　　　　　2) 높다 / 낮다

　　3) 크다 / 작다　　　　　　　　　4) 적다 / 많다

　　5) 어둡다 / 밝다　　　　　　　　6) 더럽다 / 깨끗하다

　　7) 쓰다 / 달다　　　　　　　　　8) 위험하다 / 안전하다

【練習2】　　　TR25

1. 反復 (어디에서 팔아요? : どこで売っていますか？)

　　1) 교과서는 어디에서 팔아요?

　　　　학교에서 팔아요.

　　2) 핸드폰은 어디에서 팔아요?

　　　　전자상가에서 팔아요.

　　3) 신문은 어디에서 팔아요?

　　　　편의점에서 팔아요.

【新出単語】

공항 : 空港　　유원지 : 遊園地　　교토 : 京都　　관광하다 : 観光する

서울 : ソウル　　회사 : 会社　　우표 : 切手　　밥 : ご飯　　우유 : 牛乳

청소 : 掃除　　옷 : 服　　입다 : 着る、(ズボンなどを) 履く　　사진 : 写真

적다 : 少ない　　월급 : 月給　　부지런하다 : 勤勉だ　　유학생 : 留学生

밝다 : 明るい　　미소 : 笑顔　　쓰다 : 苦い　　약 : 薬　　범죄 : 犯罪

높다 : 高い　　산 : 山　　심각하다 : 深刻だ　　나쁘다 : 悪い　　낮다 : 低い

크다 : 大きい　　어둡다 : 暗い　　더럽다 : 汚い　　달다 : 甘い

안전하다 : 安全だ　　교과서 : テキスト　　편의점 : コンビニエンスストア

第7課 스탠드 좀 보여 주세요. TR26

스즈키 : 저기요, 스탠드 좀 보여 주세요.

점 원 : 이쪽으로 오세요.

스즈키 : 요즘 유행하는 것이 뭐예요?

점 원 : 이것이 요즘 인기 상품이에요.

스즈키 : 디자인이 별로 마음에 안 들어요.

점 원 : 그래요?

　　　　이것도 잘 팔리는 상품이에요.

스즈키 : 이 디자인이 더 마음에 들어요.

　　　　이것 주세요.

鈴木 ： あの、電気スタンドを見せてください。
店員 ： こちらに来て下さい。
鈴木 ： 最近流行しているのはどれですか?
店員 ： これが最近の人気商品ですよ。
鈴木 ： デザインがあんまり気に入りません。
店員 ： そうですか?
　　　　これもよく売れている商品ですよ。
鈴木 ： このデザインの方が気に入りました。
　　　　これください。

【新出単語】

좀：少し、ちょっと　　보이다：見せる　　-어 주세요：ーてください

저기요：あの　　점원：店員　　으로：ーへ　　요즘：最近、このごろ

유행하다：流行する　　것：もの、こと、の　　인기：人気　　상품：商品

디자인：デザイン　　별로：あまり　　마음：心　　들다：入る

마음에 들다：気に入る　　팔리다：売れる　　더：もっと、更に、より

주다：くれる、与える

지다：負ける　　이기다：勝つ　　취미：趣味　　좋아하다：好きだ、好む

수저：スプーンとおはし　　반찬：おかず　　불：火、電気

끄다：（電気/火などを）切る、消す　　메일：メール　　보내다：送る、過ごす

싸게：安く　　노래：歌　　설명：説明　　앞：前　　뒤：後ろ、裏

전：前　　후：後　　위：上　　아래：下　　밑：下　　상：上

하：下　　왼쪽：左、左側　　오른쪽：右、右側　　좌：左　　우：右

안：中、内　　속：中、内　　밖：外　　바깥：外　　내：内　　외：外

옆：横、隣　　사이：間　　가운데：中　　중간：中間　　들어오다：入る

나오다：出る　　돌아가다：曲がる、帰る　　올라가다：上がる、のぼる

물러나다：下がる　　내려가다：降りる　　나고야：名古屋　　물가：物価

우리：うち　　어머니：お母さん、母　　날씬하다：痩せている、スマートだ

【ポイント】

1　用言＋「-는」（動詞連体形：現在）　　🔊 TR27

지는 것이 이기는 것이에요.　　負けることが勝つことです。

음악을 듣는 것이 취미예요.　　音楽を聞くのが趣味です。

한국을 좋아하는 친구가 있어요.　韓国が好きな友達がいます。

2　体言 ＋ 「주세요」

밥 주세요.　　　　　　　　ご飯ください。

수저 주세요.　　　　　　　スプーンとお箸ください。

반찬 주세요.　　　　　　　おかずください。

3 用言 ＋「-아 주세요」

먼저 가 주세요.　　　　　　先に行ってください。
좀 봐 주세요.　　　　　　　ちょっと見てください。
예쁜 옷을 사 주세요.　　　　かわいい服を買ってください。

※　用言 ＋「-어 주세요」
좀 보여 주세요.　　　　　　ちょっと見せてください。
불 좀 꺼 주세요.　　　　　　ちょっと電気を消してください。
메일을 보내 주세요.　　　　メールを送ってください。

※　用言 ＋「-여 주세요」
싸게 해 주세요.　　　　　　安くしてください。
노래를 해 주세요.　　　　　歌を歌ってください。
설명을 해 주세요.　　　　　説明をしてください。

4 方向　　TR28

앞(前)	뒤(後ろ)	전(前)	후(後)
위(上)	아래, 밑(下)	상(上)	하(下)
왼쪽(左側)	오른쪽(右側)	좌(左)	우(右)
안, 속(内、中)	밖, 바깥(外)	내(内)	외(外)
옆(横、隣)	사이(間)	가운데(中)	중간(中間)

5 体言 ＋「으로」（方向）

안으로 들어오세요.　　　　中に入ってください。
앞으로 나와 주세요.　　　　前に出てください。
오른쪽으로 돌아가 주세요.　右へ曲がってください。

※　体言 ＋「로」
위로 올라가세요.　　　　　上に上ってください。
뒤로 물러나세요.　　　　　後ろに下がってください。
아래로 내려가세요.　　　　下に降りてください。

6 「더」＋ 用言

이것이 더 좋아요.　　　　　これの方がもっといいです。
나고야 물가가 더 싸요.　　　名古屋の物価がもっと安いです。
우리 어머니가 더 날씬해요.　うちの母の方がもっとやせています。

【練習 1】

1. _____은/는 _____에 있어요.

   보기 : 책 / 책상 위 → 책은 책상 위에 있어요.

   1) 호텔 / 시청 앞   2) 커피 / 탁자 위
   3) 우리 집 / 병원 뒤   4) 전화 / 편의점 옆
   5) 화장실 / 계단 오른쪽   6) 자전거 / 현관 앞
   7) 과일 / 냉장고 안   8) 나고야 / 도쿄와 오사카 사이

2. _____는 _____이에요/예요.

   보기 : 잘 팔리다 / 빵 → 잘 팔리는 빵이에요.

   1) 인기있다 / 배우   2) 유행하다 / 구두
   3) 잘 먹다 / 아이   4) 재미없다 / 이야기
   5) 맛없다 / 김밥   6) 춤 추다 / 인형
   7) 잘 웃다 / 여자   8) 술 마시다 / 남자

3. _____는 _____을/를 주세요.

   보기 : 맛있다 / 과자 → 맛있는 과자를 주세요.

   1) 잘 팔리다 / 핸드폰   2) 유행하다 / 치마
   3) 많이 쓰다 / 사전   4) 잘 먹다 / 간식
   5) 재미있다 / 비디오   6) 맛있다 / 김밥
   7) 자주 마시다 / 음료   8) 말하다 / 인형

4. _____을/를 _____아/어/여 주세요.

   보기 : 과자 / 사다 → 과자를 사 주세요.

   1) 싸인 / 하다   2) 주소 / 알리다
   3) 한국말 / 가르치다   4) 아이 / 보다
   5) 책 / 읽다   6) 창문 / 열다
   7) 사진 / 찍다   8) 방 / 청소하다

【練習2】　✎ TR29

1．反復（별로 마음에 안 들어요.　：　あまり気に入りません。）

1) 이것이 요즘 인기 상품이에요.
　　별로 마음에 안 들어요.

2) 이것이 잘 팔리는 상품이에요.
　　별로 마음에 안 들어요.

3) 이것이 요즘 유행하는 디자인이에요.
　　별로 마음에 안 들어요.

4) 이것이 요즘 많이 주문하는 디자인이에요.
　　별로 마음에 안 들어요.

2．反復（그럼, 그것으로 주세요.　：　それなら、それにしてください。）

1) 이것이 요즘 인기 상품이에요.
　　그럼, 그것으로 주세요.

2) 이것이 잘 팔리는 상품이에요.
　　그럼, 그것으로 주세요.

3) 이것이 요즘 유행하는 디자인이에요.
　　그럼, 그것으로 주세요.

4) 이것이 요즘 많이 주문하는 디자인이에요.
　　그럼, 그것으로 주세요.

【新出単語】

호텔 : ホテル　　시청 : 市庁、市役所　　탁자 : 机、テーブル

공중전화 : 公衆電話　　계단 : 階段　　자전거 : 自転車

현관 : 玄関　　냉장고 : 冷蔵庫　　오사카 : 大阪　　배우 : 俳優

구두 : 靴　　아이 : 子ども　　재미없다 : 面白くない　　맛없다 : まずい

인형 : 人形　　술 : お酒　　치마 : スカート　　사전 : 辞典

간식 : 間食、おやつ　　재미있다 : 面白い　　비디오 : ビデオ

맛있다 : おいしい　　말하다 : 話す　　싸인 : サイン　　알리다 : 知らせる

한국말 : 韓国語　　가르치다 : 教える　　창문 : 窓　　열다 : 開ける

주문하다 : 注文する

51

第8課 술 한잔 해요.

이미영 : 스즈키씨, 오늘 술 한잔해요.

스즈키 : 저는 술 잘 못해요.

이미영 : 전혀 못해요?

스즈키 : 조금 밖에 마시지 못해요.

　　　　미영씨는 잘 마셔요?

이미영 : 잘은 못 마셔요.

　　　　그래도 분위기는 좋아해요.

스즈키 : 저도 한국 술집에 한번 가 보고 싶어요.

イミョン ： 鈴木さん、今日一杯やりましょう。
　鈴木　 ： 私はあまりお酒が飲めません。
イミョン ： 全然ダメですか？
　鈴木　 ： 少ししか飲めません。
　　　　　 ミョンさんは強いですか？
イミョン ： 強くはないです。
　　　　　 でも、雰囲気は好きです。
　鈴木　 ： 私も韓国の飲み屋さんに一度行ってみたいです。

【新出単語】

하나：一つ　　잔：一杯　　한잔：一杯　　한잔하다：一杯やる

못하다：できない、－しない　　전혀：全く　　조금：少し　　밖에：－しか

-지 못하다：－できない　　그래도：それでも、でも　　분위기：雰囲気

술집：飲み屋、居酒屋　　번：－回、－度　　-아 보다：－してみる

둘：二つ　　셋：三つ　　넷：四つ　　다섯：五つ　　여섯：六つ

일곱：七つ　　여덟：八つ　　아홉：九つ　　열：十　　열하나：十一

열둘：十二　　열셋：十三　　열넷：十四　　열다섯：十五

열여섯：十六　　열일곱：十七　　열여덟：十八　　열아홉：十九

스물：二十　　스무：二十　　서른：三十　　마흔：四十　　쉰：五十

예순：六十　　일흔：七十　　여든：八十　　아흔：九十

백하나：百一　　백둘：百二　　한：一つ　　두：二つ　　세：みっつ

네：よっつ　　개：－個　　명：－名、－人　　대：－台　　권：－冊

지금：今　　시：－時　　손님：お客さま　　오시다：いらっしゃる

반：半　　차：車、自動車　　약속：約束　　지키다：守る　　생선：魚

에 대해서：－について　　지갑：財布　　원：ウォン（韓国の貨:単位）

하루：一日　　끼：－食

【ポイント】

1 数詞（固有数詞）　　　TR31

1	2	3	4	5	6	7	8	9	10
하나	둘	셋	넷	다섯	여섯	일곱	여덟	아홉	열
11	12	13	14	15	16	17	18	19	20
열하나	열둘	열셋	열넷	열다섯	열여섯	열일곱	열여덟	열아홉	스물
30	40	50	60	70	80	90	100	101	102
서른	마흔	쉰	예순	일흔	여든	아흔	백	백하나	백둘
200	300	千	一万	十万	百万	1千万	億	兆	0
이백	삼백	천	만	십만	백만	천만	억	조	영/공

2 助数詞

助数詞	하나(한)	둘(두)	셋(세)	넷(네)	다섯
개(個)	한 개	두 개	세 개	네 개	다섯 개
명(名)	한 명	두 명	세 명	네 명	다섯 명
번(回、度)	한 번	두 번	세 번	네 번	다섯 번
대(台)	한 대	두 대	세 대	네 대	다섯 대
권(冊)	한 권	두 권	세 권	네 권	다섯 권
잔(杯)	한 잔	두 잔	세 잔	네 잔	다섯 잔

책이 열 권 있어요.	本が十冊あります。
지금 여섯 시예요.	今六時です。
손님이 여덟 명 오세요.	お客さんが八人いらっしゃいます。

※ 두 개 주세요.	二個ください。
한 시 반에 만나요.	一時半に会いましょう。
집에 차가 세 대 있어요.	家に車が三台あります。

3 用言 +「-지 못해요」

약속을 지키지 못해요.	約束を守ることはできません。
혼자서는 여행을 가지 못해요.	一人では旅行に行けません。
극장에서 핸드폰을 쓰지 못해요.	映画館でケイタイ電話は使えません。

4 「전혀」+ 否定表現　TR32

생선 요리는 전혀 못 먹어요.	魚料理は全く食べられません。
이 책은 전혀 재미가 없어요.	この本は全然おもしろくないです。
음악에 대해서는 전혀 몰라요.	音楽のことは何も知りません。

5 体言 +「밖에」+否定の用言

지갑에 천 원밖에 없어요.	財布に千ウォンしかありません。
그 사람은 돈밖에 몰라요.	あの人はお金しか知りません。
하루에 한 끼밖에 안 먹어요.	一日に一食しか食べません。

【練習 1】

1. _____시 _____분이에요.

   보기 : 10 시 20 분 → 열 시 이십 분이에요.

   1) 5 시 5 분   2) 6 시 10 분

   3) 7 시 25 분   4) 12 시 30 분

   5) 11 시 40 분   6) 9 시 45 분

   7) 1 시 16 분   8) 2 시 28 분

2. _____을/를 _____ 주세요.

   보기 : 책 / 한 권 → 책을 한 권 주세요.

   1) 사진 / 세 장   2) 비디오 카메라 / 두 대

   3) 색종이 / 여섯 장   4) 사과 / 다섯 개

   5) 커피 / 네 잔   6) 맥주 / 열 병

   7) 강아지 / 한 마리   8) 장미 / 여덟 송이

3. 가 : _____을/를 잘 _____아요/어요/여요?

   나 : 아니오, 잘 _____지 못해요.

   보기 : 피아노 / 치다

     → 가 : 피아노를 잘 쳐요?

       나 : 아니오, 잘 치지 못해요.

   1) 소설 / 쓰다   2) 춤 / 추다

   3) 술 / 마시다   4) 요리 / 하다

   5) 그림 / 그리다   6) 사진 / 찍다

   7) 뜨개질 / 하다   8) 스키 / 타다

4. 가 : _____을/를 잘 _____아요/어요/여요?

　　나 : 아니오, 저는 _____을/를 전혀 못 _____아요/어요/여요.

　　보기 : 야구 / 하다
　　　　→ 가 : 야구를 잘해요?
　　　　　　나 : 아니오, 저는 야구를 전혀 못해요.

　　1) 운전 / 하다　　　　　　　　2) 커피 / 마시다

　　3) 수영 / 하다　　　　　　　　4) 고기 요리 / 먹다

　　5) 영어 / 하다　　　　　　　　6) 컴퓨터 / 쓰다

　　7) 노래 / 하다　　　　　　　　8) 테니스 / 치다

5. 가 : 하루에 _____밖에 안 _____아요/어요/여요?

　　나 : 네, _____밖에 _____지 않아요.

　　보기 : 세 시간 / 잠을 자다
　　　　→ 가 : 하루에 세 시간밖에 잠을 안 자요?
　　　　　　나 : 네, 세 시간 밖에 잠을 자지 않아요.

　　1) 두 명 / 참가하다　　　　　　2) 세 잔 / 물을 마시다

　　3) 한 번 / 물을 주다　　　　　　4) 두 끼 / 식사를 하다

　　5) 여섯 시간 / 일을 하다　　　　6) 한 마디 / 말을 하다

　　7) 네 시간 / 문을 열다　　　　　8) 십 분 / 신문을 보다

【新出単語】

장 : 一枚　　색종이 : 色紙　　맥주 : 麦酒、ビール　　병 : 一瓶
강아지 : 子犬　　마리 : 一匹　　장미 : バラ　　송이 : 一輪
피아노 : ピアノ　　치다 : （ピアノを）弾く　　소설 : 小説　　쓰다 : 書く
그림 : 絵　　그리다 : 描く　　뜨개질 : 編み物　　야구 : 野球
잘하다 : 上手だ、うまくやる　　운전 : 運転　　수영 : 水泳
고기 : 肉　　테니스 : テニス　　잠 : 眠り
참가하다 : 参加する　　물 : 水、お湯　　마디 : 一言　　문 : 門、扉、ドア

56

第9課 학교생활은 어때요?

아저씨 : 스즈키씨, 학교 생활은 어때요?

　　　　잘 지내요?

스즈키 : 친구들 덕분에 잘 지냅니다.

아저씨 : 수업은 재미있어요?

스즈키 : 재미있는데, 많이 어려워요.

　　　　아직 한국말을 잘 몰라서 힘들어요.

아저씨 : 고생이 많겠네요. 식사는 잘해요?

스즈키 : 네, 저는 한국 음식을 좋아해요.

　　　　한국 음식은 맵지만 맛있어요.

아저씨 : 그것은 참 다행이네요.

おじさん　：　鈴木君、学校の生活はどうですか？
　　　　　　　元気にしていますか？
　　鈴木　：　友達のおかげで元気にしています。
おじさん　：　授業はおもしろいですか？
　　鈴木　：　おもしろいですが、とても難しいです。
　　　　　　　まだ韓国語がよくわからないからたいへんです。
おじさん　：　たいへんでしょう。食事はきちんと摂っていますか？
　　鈴木　：　はい、わたしは韓国料理が好きです。
　　　　　　　韓国料理は辛いけどおいしいです。
おじさん　：　それは本当に良かったですね。

【新出単語】

生활 : 生活　　　어떻다 : どうだ　　　어때요? : どうですか?　　　지내다 : 過ごす

들 : -達、-ら　　　덕분에 : おかげで　　　-는데 : -（です）が

어렵다 : 難しい　　　고생 : 苦労　　　고생이 많다 : 苦労が多い、大変だ

-겠네요 : -でしょう　　　맵다 : 辛い　　　-지만 : -が、-けれども

다행이다 : 幸運だ、幸いだ、良い

잡다 : 取る、つかむ　　　뽑다 : 引く、選ぶ　　　씹다 : 噛む　　　돕다 : 手伝う

겨울 : 冬　　　아주 : とても、たいへん、非常に　　　춥다 : 寒い　　　우리 : 私たち

언제나 : いつも　　　서로 : 互いに　　　맛 : 味　　　더 이상 : これ以上

평소 : 平素、普段　　　안되다 : できない、いけない　　　죄송하다 : 申し訳ない

선배 : 先輩　　　님 : 様　　　선배님 : 先輩　　　즐겁다 : 楽しい

부모님 : ご両親（他人が使う時）、両親・父母（自分が使う時）　　　포도 : ブドウ

색깔 : 色　　　보쌈김치 : ポサムキムチ　　　빠르다 : 速い、早い

【ポイント】

1 「ㅂ」不規則用言　　🔘 TR34

	原型	-아요/어요 (-와요/워요)	-아서/어서 (-와서/워서)	-(으)면 (-우면)
規則	잡다	잡아요	잡아서	잡으면
	뽑다	뽑아요	뽑아서	뽑으면
	씹다	씹어요	씹어서	씹으면
不規則	돕다	도와요	도와서	도우면
	맵다	매워요	매워서	매우면
	어렵다	어려워요	어려워서	어려우면

일본 음식은 안 매워요.　　　日本の食べ物は辛くないです。

한국 겨울은 아주 추워요.　　　韓国の冬はとても寒いです。

우리는 언제나 서로 도와요.　　　私たちはいつも助け合います。

2 用言（動詞）＋「-는데」

자주 먹는데 맛은 없어요.　　　頻繁に食べるけど味はまずいです。

맛있는데 더 이상은 못 먹어요.　　　おいしいけどこれ以上は食べられません。

평소에는 잘하는데 오늘은 잘 안돼요.

　　　　　　　いつもはうまいが今日はうまくいきません。

③ 用言 ＋ 「-지만」

미안하지만 내일은 못 가요.　　　すみませんが明日は行けません。
한국어는 어렵지만 재미있어요.　　韓国語は難しいが面白いです。
죄송하지만 화장실이 어디예요?　申し訳ないですがトイレはどこですか？

※　用言 ＋ 「-ㅂ니다만/습니다만」

미안합니다만 내일은 못 가요.　　　すみませんが、明日行けません。
죄송합니다만 화장실이 어디예요?　すみませんが、トイレはどこですか？
한국어는 어렵습니다만 재미있어요.韓国語は難しいですが、面白いです。

④ 体言 ＋ 「덕분에」　　TR35

선배님 덕분에 즐겁습니다.　　　先輩のおかげで楽しいです。
아저씨 덕분에 잘 지냅니다.　　　おじさんのおかげで元気です。
부모님 덕분에 학교를 다녀요.　　両親のおかげで学校に通います。

⑤ 体言 ＋ 「어때요?」

포도는 어때요?　　　　　　　　ぶどうはどうですか？
이 색깔은 어때요?　　　　　　　この色はどうですか？
여기 탕수육 맛은 어때요?　　　ここの酢豚の味はどうですか？

⑥ 用言 ＋ 「-겠네요」

보쌈이 더 맛있겠네요.　　　　　ポッサムの方がおいしいでしょう。
지하철이 더 빠르겠네요.　　　　地下鉄がもっと速いでしょう。
내일은 날씨가 좋겠네요.　　　　明日は天気がいいでしょう。

【練習1】

1. _____은/는 어때요 ?

　　보기 : 학교 　→ 　학교는 어때요?

　　　1) 신입생　　　　　　　　　2) 칸느 영화제

　　　3) 몸　　　　　　　　　　　4) 일

　　　5) 부모님　　　　　　　　　6) 나고야

　　　7) 타향 살이　　　　　　　8) 태풍 피해

2. 가 : _____은/는 어때요 ?

　　나 : _____ 덕분에 _____아요/어요/여요.

　　보기 : 몸 / 의사 선생님 / 아주 좋다
　　　　　→ 가 : 몸은　어때요 ?
　　　　　　　나 : 의사 선생님 덕분에 아주 좋아요.

　　　1) 시험 / 선생님 / 결과가 좋다　　2) 학교 / 부모님 / 잘 다니다

　　　3) 영화 촬영 / 감독님 / 잘하다　　4) 논문 / 교수님 / 잘 쓰다

　　　5) 유학 생활 / 친구들 / 재미있다　6) 병원 생활 / 간호사 / 잘 지내다

　　　7) 회사일 / 동료들 / 순조롭다　　8) 건강 / 가족들 / 좋다

3. _____ㅂ니다만/습니다만 _____아요/어요/여요.

　　보기 : 싸다 / 질은 좋다
　　　　　→ 쌉니다만 질은 좋아요.

　　　1) 맵다 / 맛있다　　　　　　2) 재미있다 / 잘 못하다

　　　3) 비싸다 / 질이 안 좋다　　4) 맛있다 / 아주 비싸다

　　　5) 흔하다 / 마음에 들다　　6) 재미없다 / 계속 보다

　　　7) 힘들다 / 순조롭다　　　　8) 물건은 많다 / 좋은 것이 없다

4．가 : _____은/는 어때요?

　　나 : _____지만 _____지 못해요.

　　보기 : 야구 / 재미있다 / 잘하다

　　　　→ 가 : 야구는 어때요?

　　　　　　나 : 재미있지만 잘하지 못해요.

　　1) 피아노 / 재미있다 / 잘 치다　　2) 한국말 / 좋아하다 / 잘하다

　　3) 사진 / 재미있다 / 잘 찍다　　　4) 춤 / 좋아하다 / 잘 추다

　　5) 노래 / 재미있다 / 잘 부르다　　6) 술 / 좋아하다 / 잘 마시다

　　7) 자전거 / 재미있다 / 잘 타다　　8) 여행 / 좋아하다 / 잘 가다

【練習2】　　 TR36

1．反復（고생이 많겠네요. : それは大変ですね。）

　　1) 재미있습니다만, 많이 힘들어요.

　　　　고생이 많겠네요.

　　2) 재미있습니다만, 많이 어려워요.

　　　　고생이 많겠네요.

　　3) 재미있습니다만, 시간이 많이 걸려요.

　　　　고생이 많겠네요.

　　4) 재미있습니다만, 돈이 많이 들어요.

　　　　고생이 많겠네요.

【新出単語】				
칸느 영화제 : カンヌ映画祭		몸 : 体	타향살이 : 異郷暮らし	
피해 : 被害	의사 : お医者	결과 : 結果	촬영 : 撮影	
감독님 : 監督	논문 : 論文	교수님 : 教授	유학 : 留学	
간호사 : 看護士	동료 : 同僚	순조롭다 : 順調だ	질 : 質、品質	
흔하다 : ありふれる	계속 : 継続、続けて	부르다 : 呼ぶ、(歌を) 歌う		
타다 : 乗る	들다 : (お金が) かかる			

61

이미영 : 한국 드라마 봐요?

스즈키 : 아니오, 드라마는 안 봐요.

뉴스는 가끔 보지만, 말이 너무

빨라요.

이미영 : 그래도 자주 들으면 공부가 되지요.

휴일은 어떻게 보내요?

스즈키 : 시간이 있을 때는 운동을 해요

수영을 제일 좋아해요.

이미영 : 수영장에 자주 가요?

스즈키 : 일주일에 한 번은 가요.

イミョン ： 韓国のドラマ見ていますか？
　鈴木 ： いいえ、ドラマは見ていません。
　　　　　ニュースはたまに見ますが、言葉が速すぎます。
イミョン ： でもたびたび聞けば勉強になりますよね。
　　　　　休日はどのように過ごしていますか？
　鈴木 ： 時間のある時は運動をします。水泳が一番好きです。
イミョン ： プールへよく行きますか？
　鈴木 ： 一週間に一度は行きます。

【新出単語】

-으면 ： －と、－ば、－たら、－なら　　되다 ： なる　　드라마 ： ドラマ

뉴스 ： ニュース　　가끔 ： 時々、時たま　　휴일 ： 休日、休みの日

-을 때 ： －の時　　운동 ： 運動　　수영장 ： プール

간 ： 間　　머무르다 ： とまる　　고속열차(KTX) ： 韓国の高速列車

생각 ： 思い　　보다 ： －より　　역사 ： 歴史　　-ㄹ 때 ： －の時

슬프다 ： 悲しい　　울다 ： 泣く　　나다 ： 出る、起きる、（時間が）ある

연락하다 ： 連絡する　　손 ： 手　　씻다 ： 洗う　　조용히 ： 静かに

미니스커트 ： ミニスカート　　긴장하다 ： 緊張する

-면 ： －と、－ば、－たら、－なら　　눈 ： 雪

춘천 ： チュンチョン（春川：韓国の都市）　　끝나다 ： 終る　　미용실 ： 美容室

기모노 ： 着物　　자세 ： 姿勢　　한달 ： 一か月　　봄 ： 春　　피다 ： 咲く

졸업하다 ： 卒業する　　부자 ： 金持ち

【ポイント】

① 「르」不規則用言　　TR38

	原型	-ㄹ라요/ㄹ러요	-ㄹ라서/ㄹ러서	-(으)면
不規則	모르다	몰라요	몰라서	모르면
	다르다	달라요	달라서	다르면
	부르다	불러요	불러서	부르면

일주일간 머물러요.　　　　　一週間とどまります。

고속 열차가 생각보다 빨라요.　高速列車が思ったより速いです。

한국 역사를 전혀 몰라요.　　　韓国の歴史を全く知りません。

② 用言 ＋「-ㄹ 때」

슬플 때는 실컷 울어요.　　　　悲しい時には思う存分泣きます。

시간이 날 때 연락해요.　　　　時間がある時に連絡してください。

잠 잘 때 음악을 들어요.　　　　寝る時に音楽を聞きます。

※ 用言 ＋「-을 때」

밥을 먹을 때는 손을 씻어요.　　ご飯を食べる時は手を洗います。

전화 받을 때는 조용히 하세요.　電話に出ている時は静かにしなさい。

미니스커트를 입을 때는 긴장해요.　ミニスカートを着る時は緊張します。

3 用言 ＋「-면」

겨울이 되면 눈이 와요.   冬になると雪が降ります。
한국에 가면 춘천에 가요.   韓国へ行くと春川へ行きます。
숙제가 끝나면 비디오를 봐요.   宿題が終ればビデオを見ます。

※ 用言 ＋「-으면」

시간이 있으면 같이 만나요.   時間があれば一緒に会いましょう。
월급을 받으면 미용실에 가요.   給料をもらうと美容室に行きます。
기모노를 입으면 자세가 좋아요. 着物を着ると姿勢がよくなります。

4 体言 ＋「에」   TR39

하루에 세 번 약을 먹어요.   一日に三回薬を飲みます。
한달에 한 번 월급을 받아요.   一か月に一度給料をもらいます。
텔레비전은 일주일에 하루만 봐요. テレビは一週間に一日だけ見ます。

5 体言＋「이/가 되다」

봄이 되면 꽃이 피어요.   春になると花が咲きます。
졸업하면 선생님이 되고 싶어요. 卒業をしたら先生になりたいです。

부자가 되면 해외여행을 가고 싶어요.
                               金持ちになったら海外旅行に行きたいです。

준비운동은 잊지 않았죠!

누가 일등을 할까요?

【練習1】

1. _____(으)ㄹ 때는 _____아요/어요/여요.

보기 : 공부하다 / 학원에 가다

→ 공부할 때는 학원에 가요.

1) 친구를 만나다 / 커피숍에 가다　2) 휴가를 보내다 / 외국으로 가다

3) 잡지를 보다 / 음악을 듣다　4) 영화를 보다 / 영화관에 가다

5) 밥을 먹다 / 숟가락을 쓰다　6) 관광을 하다 / 사진을 찍다

7) 몸이 아프다 / 병원에 가다　8) 심심하다 / 게임을 하다

2. _____(으)면 _____지 않아요?

보기 : 도서관에 가다 / 공부하다

→ 도서관에 가면 공부하지 않아요?

1) 태풍이 오다 / 휴강하다　2) 여행을 가다 / 친구가 생기다

3) 날씨가 좋다 / 산에 가다　4) 여름이 되다 / 덥다

5) 음식이 맛있다 / 또 가고 싶다　6) 운전을 하다 / 무섭다

7) 꽃놀이를 가다 / 기분이 좋다　8) 이렇게 고치다 / 괜찮다

3. 「르不規則＋아요/어요/여요」

보기 : 스포츠 선수 / 몸이 다르다

→ 스포츠 선수는 몸이 달라요.

1) 자식 / 부모 마음을 모르다　2) 전문가 / 무엇인가 다르다

3) 옛부터 / 강물은 흐르다　4) 스즈키씨 / 한국 노래를 잘 부르다

5) 저 사람 / 말이 빠르다　6) 형 / 나와 성격이 다르다

7) 우리 엄마 / 유행을 잘 모르다　8) 이모 / 나를 공주라고 부르다

4. _____지만 _____은/는 _____아요/어요/여요.

   보기 : 피곤하다 / 수영 / 하다

      → 피곤하지만 수영은 해요.

   1) 시간이 없다 / 책 / 읽다   2) 돈이 없다 / 술 / 마시다

   3) 소문이 나쁘다 / 친구 / 많다   4) 배는 부르다 / 과자 / 먹다

   5) 어렵다 / 재미 / 있다   6) 싸다 / 품질 / 좋다

   7) 겁이 많다 / 운전 / 하다   8) 비싸다 / 옷 / 사다

5. _____(으)면 _____이/가 되지요.

   보기 : 열심히 하다 / 전문가

      → 열심히 하면 전문가가 되지요.

   1) 시험이 끝나다 / 방학   2) 학교를 졸업하다 / 사회인

   3) 사이가 좋다 / 친구   4) 겨울이 지나다 / 봄

   5) 구름이 모이다 / 비   6) 부지런히 일하다 / 부자

   7) 남녀가 결혼하다 / 부부   8) 노래를 잘하다 / 가수

사랑이
꽃피는 나무

【練習2】　TR40

1. 反復（어떻게 보내요？ : どのように過ごしますか？）

   1) 주말은 어떻게 보내요?
      주말이면 산에 가요.
   2) 방학은 어떻게 보내요?
      방학이면 외국어 공부를 해요.
   3) 연휴는 어떻게 보내요?
      연휴면 시골에 가요.
   4) 연말연시는 어떻게 보내요?
      연말연시면 고향에 가요.

2. 反復（공부가 되지요. : 勉強になります。）

   1) 자주 들으면 공부가 되지요.
   2) 자주 보면 공부가 되지요.
   3) 자주 읽으면 공부가 되지요.
   4) 자주 말하면 공부가 되지요.

【新出単語】

학원 : 塾　　커피숍 : コーヒーショップ　　휴가 : 休暇　　외국 : 外国

잡지 : 雑誌　　영화관 : 映画館　　숟가락 : さじ、スプーン　　관광 : 観光

게임 : ゲーム　　휴강하다 : 休講にする　　생기다 : できる、起きる

여름 : 夏　　덥다 : 暑い　　무섭다 : 怖い、恐ろしい　　꽃놀이 : 花見

기분 : 気分、気持ち　　고치다 : 直す、治す　　괜찮다 : 大丈夫だ

스포츠 : スポーツ　　선수 : 選手　　자식 : 子供　　전문가 : 専門家

무엇인가 : 何か　　옛 : 昔　　강물 : 川の水　　흐르다 : 流れる

형 : 兄　　나 : 私、僕、おれ　　성격 : 性格　　엄마 : 母　　유행 : 流行

이모 : おば（母の姉妹）　　공주 : 姫さま、プリンセス　　피곤하다 : 疲れる

소문 : 噂　　배 : お腹　　부르다 : 膨らむ、いっぱいになる

재미 : 面白み、面白さ　　품질 : 品質　　겁 : 臆病

방학 : （学校の）長期休み　　사회인 : 社会人　　사이 : 仲、間柄

지나다 : 過ぎる　　구름 : 雲　　모이다 : 集まる　　비 : 雨

부지런히 : まめに、こまめに　　남녀 : 男女　　결혼하다 : 結婚する

부부 : 夫婦　　가수 : 歌手　　주말 : 週末　　외국어 : 外国語

연휴 : 連休　　시골 : 田舎　　연말연시 : 年末年始　　고향 : 故郷

67

第11課 생일 파티를 합시다! TR41

이미영 : 토요일은 박 선배 생일이에요.

스즈키 : 그러면, 생일 파티를 해요?

이미영 : 어떻게 하면 좋을까요?

파티를 할까요, 아니면 선물만

드릴까요?

스즈키 : 생일 파티를 합시다.

그것이 더 재미있을 것 같아요.

이미영 : 그럼, 제가 다른 친구들에게

연락할게요.

스즈키 : 그래요, 사람은 많을수록 더 좋다고

생각해요.

イミョン : 土曜日はパク先輩の誕生日です。
 鈴木 : それでは誕生日パーティーをしますか？
イミョン : どうしたらいいかしら？
 パーティーをしましょうか、
 それともプレゼントを渡すだけにしましょうか？
 鈴木 : 誕生日パーティーをしましょう。
 その方がおもしろそうです。
イミョン : それでは私が他の友達に連絡しますね。
 鈴木 : そうですね。人は多い方がいいと思います。

생일：誕生日　　파티：パーティー　　-ㅂ시다：－ましょう

박：パク（朴：人の苗字）　　-을까요?：－ましょうか?

-ㄹ까요?：－ましょうか?　　아니면：若しくは　　만：だけ

드리다：差し上げる（주다の謙譲語）　　-을 것 같다：－のようだ、－そうだ

그럼：それでは　　제：私、自分　　에게：－に　　-ㄹ게요：－しますね

-을수록：－ほど、－方が　　-고 생각하다：－と思う

전화하다：電話する　　-을게요：－しますね　　다시：また、再び

-ㄹ 것 같다：－のようだ、－そうだ　　오다：降る　　눈물：涙

택시：タクシー　　빨리：はやく　　-읍시다：－ましょう

팝송：ポップソング　　다：みんな、全て、全部　　깨끗이：きれいに

-ㄹ수록：－ほど、－方が　　미인：美人　　살：肉　　찌다：太る

복：福　　가을：秋

【ポイント】

1　用言 ＋「-ㄹ게요」　　　TR42

또 올게요.　　　　　　　　　また来ますね。
먼저 갈게요.　　　　　　　　先に帰りますね。
내일 전화할게요.　　　　　　明日電話しますね。

※　用言 ＋「-을게요」

먼저 먹을게요.　　　　　　　先にいただきます。
여기 앉을게요.　　　　　　　ここに座りますね。
제가 전화 받을게요.　　　　　私が電話に出ますね。

2　用言 ＋「-ㄹ까요?」

우리 같이 갈까요?　　　　　　私たち一緒に行きましょうか。
커피 한잔 마실까요?　　　　　コーヒー一杯飲みましょうか。
내일 다시 만날까요?　　　　　明日また会いましょうか。

※　用言 ＋「-을까요?」

여기에 앉을까요?　　　　　　ここに座りましょうか。
사진을 찍을까요?　　　　　　写真を撮りましょうか。
우리 같이 밥을 먹을까요?　　私たち一緒にご飯を食べましょうか。

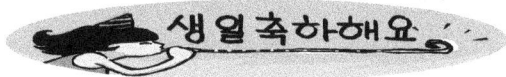

생일 축하해요

3 用言 ＋「-ㄹ 것 같아요」

비가 올 것 같아요.　　　　　　　後で雨が降りそうです。

눈물이 날 것 같아요.　　　　　　涙が出そうです。

오늘은 못 만날 것 같아요.　　　　今日は会えなさそうです。

※　用言 ＋「-을 것 같아요」

밥이 많을 것 같아요.　　　　　　ご飯が多そうです。

이 영화가 재미있을 것 같아요.　　この映画がおもしろそうです。

오늘은 시간이 없을 것 같아요.　　今日は時間がなさそうです。

4 用言＋「-ㅂ시다」　　TR43

택시를 탑시다.　　　　　　　　　タクシーに乗りましょう。

빨리 시작합시다.　　　　　　　　早く始めましょう。

다음주에 또 만납시다.　　　　　　来週にまた会いましょう。

※　用言＋「-읍시다」

팝송을 들읍시다.　　　　　　　　ポップソングを聞きましょう。

다 같이 읽읍시다.　　　　　　　　みんな一緒に読みましょう。

음식은 깨끗이 먹읍시다.　　　　　食べ物はキレイに食べましょう。

5 用言＋「-ㄹ수록」

빠르면 빠를수록 좋아요.　　　　　早ければ早いほどいいです。

보면 볼수록 미인이에요.　　　　　見れば見るほど美人です。

한국말은 배우면 배울수록 재미있어요.

　　　　　　　韓国語を学べば学ぶほどおもしろいです。

※　用言＋「-을수록」

먹으면 먹을수록 살이 쪄요.　　　食べれば食べるほど太ります。

웃으면 웃을수록 복이 와요.　　　笑えば笑うほど福が来ます。

읽으면 읽을수록 어려운 책이에요.　読めば読むほどに難しい本です。

6 用言 ＋「-고 생각해요」

이것이 제일 좋다고 생각해요.　　これが一番いいと思います。

이 영화가 재미있다고 생각해요.　この映画がおもしろいと思います。

가을 산이 더 아름답다고 생각해요.秋の山がもっと美しいと思います。

【練習1】
1. _____(으)ㄹ까요, 아니면 _____(으)ㄹ까요?

　　보기 : 친구이다 / 선배이다
　　　　　→ 친구일까요, 아니면 선배일까요?

　　1) 학생이다 / 직장인이다　　　　2) 친 오빠이다 / 남자 친구이다

　　3) 노래를 부르다 / 춤을 추다　　4) 샤워를 하다 / 목욕탕에 가다

　　5) 책을 읽다 / 음악을 듣다　　　6) 치마를 입다 / 바지를 입다

　　7) 전혀 모르다 / 조금은 알다　　8) 너무 빠르다 / 조금 늦다

2. _____에서 _____(으)ㅂ시다.

　　보기 : 도서관 / 공부하다
　　　　　→ 도서관에서 공부합시다.

　　1) 정문 / 만나다　　　　　　　　2) 면세점 / 선물을 사다

　　3) 커피숍 / 이야기하다　　　　　4) 극장 / 영화를 보다

　　5) 수족관 / 시간을 보내다　　　　6) 공원 / 자전거를 타다

　　7) 입구 / 할인권을 받다　　　　　8) 식당 / 점심을 먹다

3. 가 : _____(으)ㄹ까요, 아니면 _____(으)ㄹ까요?
　　나 : _____(으)ㅂ시다.

　　보기 : 기시멘을 먹다 / 미소까쓰를 먹다
　　　　　→ 가 : 기시멘을 먹을까요? 아니면 미소까쓰를 먹을까요?
　　　　　　　나 : 미소까쓰를 먹읍시다.

　　1) 롯데월드에 가다 / 서울랜드에 가다

　　2) 한국 노래를 부르다 / 일본 노래를 부르다

　　3) 영화를 보다 / 연극을 보다

　　4) 제주도에서 골프를 치다 / 설악산에서 단풍 구경을 하다

　　5) 영화 테이프를 사다 / 음악 테이프를 사다

　　6) 신촌에서 놀다 / 압구정동에서 놀다

　　7) 빵을 굽다 / 케이크를 만들다

　　8) 1층 창문만 열다 / 2층 창문도 열다

4. _____ (으)ㄹ 것 같아요.

보기 : 내일 못 보다
　　　　→ 내일 못 볼 것 같아요.

1) 이것이 더 맛있다　　　　　　　2) 오늘 선물을 받다

3) 이 영화가 더 재미있다　　　　　4) 점심은 미소까쓰를 먹다

5) 그것이 더 좋다　　　　　　　　6) 극장에 못 가다

7) 집에서는 공부하지 못 하다　　　8) 서울에서는 못 만나다

5. _____ 이/가 _____ (으)ㄹ수록 _____ 아요/어요/여요.

보기 : 사람 / 많다 / 좋다
　　　　→ 사람이 많을수록 좋아요.

1) 가격 / 싸다 / 잘 팔리다　　　　2) 날씨 / 좋다 / 기분도 좋다

3) 호기심 / 많다 / 성공하다　　　　4) 재료 / 신선하다 / 맛있다

5) 나이 / 젊다 / 몸이 유연하다　　　6) 마음 / 넓다 / 친구가 많다

7) 색깔 / 밝다 / 마음에 들다　　　　8) 창문 / 두껍다 / 따뜻하다

【新出単語】

이다 : ーだ、ーである　　　직장인 : サラリーマン　　　친- : 実のー

오빠 : 兄、お兄さん　　　남자 친구 : 彼氏　　　목욕탕 : お風呂、銭湯

바지 : ズボン　　　알다 : 知る、わかる　　　늦다 : 遅い、遅れる　　　정문 : 正門

면세점 : 免税店　　　공원 : 公園　　　입구 : 入り口　　　할인권 : 割引券

식당 : 食堂　　　기시멘 : きし麺　　　미소까쓰 : みそカツ

롯데월드 : ロッテワールド　　　서울랜드 : ソウルランド　　　연극 : 演劇

제주도 : チェジュド（済州島）　　　골프 : ゴルフ

치다 : 打つ、（ゴルフなどを）する　　　설악산 : ソラクサン（雪嶽山）

단풍 : もみじ　　　테이프 : テープ　　　신촌 : シンチョン（新村）

압구정동 : アップクジョンドン（狎鴎亭洞）　　　굽다 : 焼く　　　만들다 : 作る

층 : ー階　　　가격 : 価格、値段　　　호기심 : 好奇心　　　성공하다 : 成功する

재료 : 材料　　　신선하다 : 新鮮だ　　　나이 : 年、年齢　　　젊다 : 若い

유연하다 : 柔らかい、柔軟だ　　　두껍다 : 厚い　　　따뜻하다 : 暖かい

이미영 : 배 고파요. 식사합시다.

스즈키 : 그럽시다. 이미영씨는 어디가 좋아요?

이미영 : 저는 어디든지 괜찮아요.

스즈키 : 학교 앞에 있는 중국집은 어때요?

이미영 : 거기는 가지 맙시다.

　　　　주인이 불친절해요.

이미영 : 그럼 그 옆에 있는 냉면집으로 갑시다

스즈키 : 그곳이 좋겠네요.

　　　　참 맛있다고 하는 소문이에요.

イミョン　：　お腹が空きました。食事にしましょう。
　鈴木　　：　そうしましょう。イミョンさんはどこがいいですか？
イミョン　：　私はどこでもいいです。
　鈴木　　：　学校の前にある中華料理屋はどうですか？
イミョン　：　あそこはやめましょう。
　　　　　　　主人が不親切です。
　鈴木　　：　じゃあその横にある冷麺屋に行きましょう。
イミョン　：　そこがよさそうですね。
　　　　　　　とても美味しいという噂です。

【新出単語】

든지 : −でも　　　고프다 : （お腹が）空いた　　　식사하다 : 食事する

중국집 : 中華料理屋　　　-지 맙시다 : −しないでおきましょう　　　주인 : 主人

불친절하다 : 不親切だ　　　냉면집 : 冷麺屋　　　-으로 : −に

-고 하는 : −という

서두르다 : 急ぐ、あせる　　　거짓말하다 : 嘘つく

-지 마세요 : −しないでください　　　바쁘다 : 忙しい　　　밤 : 夜

에어컨 : エアコン　　　마지막 : おわり、最後　　　이든지 : −でも

추석 : チュソク（秋夕:旧盆）　　　설날 : ソルラル（旧正月）

한번 : 一回、一度　　　홍차 : 紅茶　　　누구 : 誰

이천 : イチョン（梨川:韓国の都市）　　　-로 : −に　　　오르다 : 上がる

이사 : 引っ越し

【ポイント】

1　用言 ＋「-지 맙시다」　　TR45

서두르지 맙시다.　　　　　　　急ぐのはやめましょう。

음악을 끄지 맙시다.　　　　　　音楽を消さないでおきましょう。

거짓말 하지 맙시다.　　　　　　うそをつかないようにしましょう。

※　用言 ＋「-지 마세요」

서두르지 마세요.　　　　　　　あせらないでください。

음악을 끄지 마세요.　　　　　　音楽を消さないでください。

거짓말 하지 마세요.　　　　　　うそをつかないでください。

2　「으」不規則用言

	原型	-아요/어요	-아서/어서	-(으)면
不規則	바쁘다	바빠요	바빠서	바쁘면
	슬프다	슬퍼요	슬퍼서	슬프면
	쓰다	써요	써서	쓰면

밤에는 에어컨을 꺼요.　　　　　夜にはエアコンを消します。

요즘 학교 숙제 때문에 바빠요.　　最近学校の宿題のせいで忙しいです

그 책은 마지막이 너무 슬퍼요.　　あの本は結末がとても悲しいです。

3　体言 ＋「**이든지**」

선생님이든지 학생이든지 시간은 지킵시다.
　　　　　　　　　先生でも学生でも時間は守りましょう。

춘천이든지 서울이든지 빨리 가고 싶어요.
　　　　　　　　　春川でもソウルでも早く行きたいです。

추석이든지 설날이든지 같이 한번 만납시다.
　　　　　　　　　チュソクでもソルラルでも一緒に一度会いましょう。

※　体言 ＋「**든지**」

사과든지 배든지 싼 것으로 합시다.
　　　　　　　　　りんごでも梨でも安い方にしましょう。

커피든지 홍차든지 어느쪽도 좋아요.
　　　　　　　　　コーヒーでも紅茶でもどちらでもいいです。

한국 요리든지 일본 요리든지 다 잘 먹어요.
　　　　　　　　　韓国料理でも日本料理でもよく食べます。

※　뭐든지 할 수 있어요.　　　　何でもできます。
　　언제든지 연락주세요.　　　　いつでも連絡ください。
　　누구든지 들어오세요.　　　　誰でも入って来てください。

4　体言 ＋「**으로**」　　TR46

밖으로 나오세요.　　　　　　外に出てください。
이천으로 갑시다.　　　　　　梨川に行きましょう。
추석 때는 고향 집으로 가요.　チュソクの時は故郷の家に行きます。

※　体言 ＋「**로**」

위로 올라 가 보세요.　　　　上に上がってみてください。
나고야로 이사를 가요.　　　　名古屋に引っ越しをします。
회사로 전화하지 마세요.　　　会社の方には電話しないでください。

맛있는 냉면 먹으러 갑시다!

【練習１】

1. _____(이)든지 _____(이)든지 _____ㅂ시다/읍시다.

　　보기 : 선생님 / 학생 / 시간을 지키다

　　　→ 선생님이든지 학생이든지 시간을 지킵시다.

　　1) 도쿄 / 오사카 / 장소를 정하다　　2) 한 시 / 두 시 / 시간을 정하다

　　3) 양식 / 일식 / 아무거나 먹다　　4) 자장면 / 설렁탕 / 아무거나 먹다

　　5) 캐나다 / 미국 / 같이 가다　　　6) 산 / 바다 / 어디든지 가다

　　7) 영화 / 연극 / 빨리 보다　　　8) 신문 / 텔레비전 / 뭐든지 보다

2. _____지 맙시다.

　　보기 : 바닷가에 가다　→　바닷가에 가지 맙시다.

　　1) 담배를 피우다　　　　　2) 껌을 씹다

　　3) 에어컨을 켜다　　　　　4) 쓰레기를 버리다

　　5) 노래를 부르다　　　　　6) 욕을 하다

　　7) 강의실에서 떠들다　　　8) 밤에 손톱을 깎다

3. 가 : _____에 있는 _____은/는 어때요?

　　나 : _____고 하는 소문이에요.

　　보기 : 학교 앞에 있다 / 중국집 / 불친절하다

　　　→ 가 : 학교 앞에 있는 중국집은 어때요?

　　　　나 : 불친절하다고 하는 소문이에요

　　1) 역 근처에 있다 / 양식집 / 비싸다

　　2) 우체국 뒤에 있다 / 레스토랑 / 양이 적다

　　3) 인사동에 있다 / 한식집 / 분위기가 좋다

　　4) 백화점 안에 있다 / 보석 가게 / 점원이 상냥하다

　　5) 나고야 역 지하에 있다 / 우동집 / 맛있다

　　6) 슈퍼 옆에 있다 / 목욕탕 / 물이 깨끗하다

　　7) 사거리에 있다 / 치과 / 기술이 좋다

　　8) 공항에 있다 / 쇼핑몰 / 물건이 많다

4．_____이/가 _____아요/어요/여요.

보기 : 몸 / 아프다 → 몸이 아파요.

1) 일 / 바쁘다　　　　　　　　2) 이야기 / 슬프다

3) 조카 / 예쁘다　　　　　　　4) 마음 / 기쁘다

5) 서비스 / 나쁘다　　　　　　6) 배 / 고프다

7) 키 / 크다　　　　　　　　　8) 약 / 쓰다

【練習2】　　 TR47

1．反復（저는 무엇이든지/어디든지/언제든지/누구든지 괜찮아요.
　　　　： 私は何でも/どこでも/いつでも/誰でもいいです。）

1) 무엇이 좋아요?

　　저는 무엇이든지 괜찮아요.

2) 어디가 좋아요?

　　저는 어디든지 괜찮아요.

3) 언제가 좋아요?

　　저는 언제든지 괜찮아요.

4) 누가 좋아요?

　　저는 누구든지 괜찮아요.

【新出単語】

장소 : 場所　　　정하다 : 決める　　　양식 : 洋食　　　일식 : 和食、日本食

아무거나 : 何でも　　　캐나다 : カナダ　　　미국 : アメリカ

바다 : 海　　　바닷가 : 海辺、浜　　　담배 : タバコ　　　피우다 : 吸う

껌 : ガム　　　켜다 : つける　　　버리다 : 捨てる　　　욕 : 悪口

강의실 : 講義室　　　떠들다 : 騒ぐ　　　손톱 : 爪　　　깎다 : 削る、切る

근처 : 近所　　　양식집 : 洋食屋　　　우체국 : 郵便局　　　레스토랑 : レストラン

양 : 量　　　인사동 : インサドン (仁寺洞)　　　한식집 : 韓国料理屋

백화점 : デパート、百貨店　　　보석 : 宝石　　　가게 : 店　　　상냥하다 : 優しい

지하 : 地下　　　우동집 : うどん屋　　　슈퍼 : スーパー　　　사거리 : 十字路

치과 : 歯科　　　기술 : 技術　　　쇼핑몰 : ショーピングモール　　　조카 : 甥、姪

기쁘다 : 嬉しい　　　서비스 : サービス　　　키 : 背

第13課 주말에 뭐 했어요?

이미영 : 스즈키씨, 주말에는 무엇을 했습니까?

스즈키 : 친구를 만났습니다.

이미영 : 아, 그래요. 친구와 뭐 했어요?

스즈키 : 오랜만에 영화를 봤어요.

그리고 불고기도 먹었어요.

이미영 : 스즈키씨는 한국음식 좋아해요?

스즈키 : 예, 아주 좋아해요.

어제도 불고기가 아주 맛있었어요.

이미영 : 영화도 재미있었어요?

스즈키 : 아니오, 영화는 별로 재미없었습니다.

イミョン ： 鈴木さん、週末に何をしましたか？
鈴木　　： 友達に会いました。
イミョン ： あ、そうですか。友達と何をしましたか？
鈴木　　： 久しぶりに映画を見ました。
そして、ブルゴギも食べました。
イミョン ： 鈴木さんは韓国の食べ物が好きですか？
鈴木　　： はい、大好きです。
昨日もブルゴギがとてもおいしかったです。
イミョン ： 映画も面白かったですか？
鈴木　　： いいえ、映画はあまり面白くありませんでした。

【新出単語】

-였 : ―た（過去）	-았 : ―た（過去）	오랜만에 : 久しぶりに
-었 : ―た（過去）	불고기 : ブルゴギ（焼肉）	

코트 : コート　　단어 : 単語　　전부 : 全部、すべて　　외우다 : 覚える

후에 : 後で　　감기 : 風邪　　감기약 : 風邪薬　　핸드백 : ハンドバック

편지 : 手紙　　도착하다 : 着く、到着する　　아침 : 朝　　한참 : しばらく

조용하다 : 静かだ　　옛날 : 昔　　남산타워 : 南山タワー

레포트 : レポート　　설탕 : 砂糖　　넣다 : 入れる　　싫어하다 : 嫌いだ

할 수 있다 : できる

【ポイント】

1 　用言＋「-았어요」　　　　TR49

집이 작았어요.　　　　　　　　家が小さかったです。

이 영화는 봤어요.　　　　　　　この映画は見ました。

이 가방은 비쌌어요.　　　　　　このカバンは高かったです。

※　用言＋「-었어요」

코트가 정말 멋있었어요.　　　　コートがとてもおしゃれでした。

새 단어는 전부 외웠어요.　　　　新しい単語は全部覚えました。

식사 후에 감기약을 먹었어요.　　食後、風邪薬を飲みました。

※　用言＋「-였어요」

여행을 좋아했어요.　　　　　　　旅行が好きでした。

조금 전에 도착했어요.　　　　　　少し前に、着きました。

어제는 너무 피곤했어요.　　　　　昨日はとても疲れました。

2 　用言＋「-았어요?」

수업은 끝났어요?　　　　　　　　授業は終りましたか？

어제는 바빴어요?　　　　　　　　昨日は忙しかったですか？

그 핸드백은 쌌어요?　　　　　　　そのハンドバックは安かったですか？

※　用言＋「-었어요?」

편지는 썼어요?　　　　　　　　　手紙は書きましたか？

저녁은 먹었어요?　　　　　　　　夕ご飯は食べましたか？

영어는 배웠어요?　　　　　　　　英語は習いましたか？

언제 도착했어요?	いつ着きましたか。
영화는 어땠어요?	映画はどうでしたか?
여행은 자주 했어요?	旅行はよくしましたか?

③ 用言＋「-았습니다」

어제는 날씨가 좋았습니다.	昨日は天気がよかったです。
백화점에서 구두를 샀습니다.	テパートで靴を買いました。
오늘 아침에는 택시를 탔습니다.	今朝はタクシーに乗りました。

※　用言＋「-었습니다」

사람이 많이 모였습니다.	人が大勢集まりました。
그 편지를 읽고 한참 웃었습니다.	その手紙を読んでしばらく笑いました。
스즈키씨는 한국어를 배웠습니다.	鈴木さんは韓国語を習いました。

※　用言＋「-였습니다」

호텔 주변은 조용했습니다.	ホテルの周りは静かでした。
한국어 공부를 시작했습니다.	韓国語の勉強を始めました。
옛날부터 그림을 좋아했습니다.	昔から絵が好きでした。

④ 用言＋「-았습니까?」 🔘 TR50

남산타워는 높았습니까?	南山タワーは高かったですか?
어제는 누구와 놀았습니까?	昨日は誰と遊びましたか?
지난주는 레포트가 많았습니까?	先週はレポートが多かったですか?

※　用言＋「-었습니까?」

영화를 보고 울었습니까?	映画を見て泣きましたか?
선배와 술을 마셨습니까?	先輩とお酒を飲みましたか?
커피에 설탕을 넣었습니까?	コーヒーに砂糖を入れましたか?

※　用言＋「-였습니까?」

숙제는 다 했습니까?	宿題は終えましたか?
화장실은 깨끗했습니까?	トイレは清潔でしたか?
전에는 무슨 일을 했습니까?	前はどんな仕事をしましたか?

1. 韓国語の「을/를」 → 日本語の「に」

버스를 타요.	バスに乗ります。
여행을 가요.	旅行に行きます。
친구를 만나요.	友達に会います。

2. 韓国語の「을/를」 → 日本語の「が」

운동을 싫어해요.	運動が嫌いです。
한국 영화를 좋아해요.	韓国映画が好きです。
한국어를 알아요.	韓国語がわかります。
영어를 할 수 있어요.	英語ができます。

영화는 어땠어요?

영화는 아주 재미있었어요.

【練習1】

1. 가 : _____았습니까?/었습니까?/였습니까?

   나 : 네, _____았습니다/었습니다/였습니다.

   보기 : 잘 가다

   → 가 : 잘 갔습니까?

   　　나 : 네, 잘 갔습니다.

   1) 푹 자다　　　　　　　　　　2) 잘 만나다

   3) 정말 상냥하다　　　　　　　4) 열심히 닦다

   5) 많이 기다리다　　　　　　　6) 깨끗이 씻다

   7) 몹시 근사하다　　　　　　　8) 예쁘게 쓰다

2. 가 : _____았어요?/었어요?/였어요?

   나 : 네, _____았어요/었어요/였어요.

   보기 : 저녁 / 먹다

   → 가 : 저녁 먹었어요?

   　　나 : 네, 먹었어요.

   1) 이 기사 / 읽다　　　　　　2) 무척 / 심심하다

   3) 마음껏 / 웃다　　　　　　　4) 운전 / 배우다

   5) 편지 / 받다　　　　　　　　6) 컴퓨터 / 사다

   7) 그 사람 / 부지런하다　　　8) 집 / 팔다

3. 가 : _____(에/에서) 무엇을 했어요?

   나 : _____을/를 _____았어요/었어요/였어요.

   보기 : 주말 / 파티를 하다

   → 가 : 주말에 무엇을 했어요?

   　　나 : 파티를 했어요.

   1) 일요일 / 영화를 보다　　　2) 지난주 / 박물관에 가다

   3) 방학 / 요리학원을 다니다　4) 어제 / 책을 읽다

   5) 집 / 빨래를 하다　　　　　6) 공원 / 그림을 그리다

   7) 도서관 / 레포트를 쓰다　　8) 문방구 / 연필을 사다

4. 助詞：「에，을/를」「이/가，을/를」

　　보기：버스 / 타다 (에，을/를)　　→　버스를 타요.

　　　　　자동차 / 원하다 (이/가，을/를)　→　자동차를 원해요.

　　1) 친구 / 만나다 (에，을/를)　　　2) 지하철 / 타다 (에，을/를)

　　3) 유학 / 가다 (에，을/를)　　　　4) 산보 / 가다 (에，을/를)

　　5) 배구 / 할 수 있다 (이/가 을/를)　6) 프랑스어 / 알다 (이/가 을/를)

　　7) 등산 / 좋아하다 (이/가 을/를)　8) 동물 / 싫어하다 (이/가 을/를)

5. 가 : _____은/는 _____아요/어요/여요?

　　나 : 네, 아주 _____.

　　　　아니오, 별로 _____.

　　보기 : 한국 음식 / 좋아하다

　　　　→ 가 : 한국 음식은 좋아해요?

　　　　　나 : 네, 아주 좋아해요.

　　　　　　아니오, 별로 안 좋아해요. / 아니오 별로 좋아하지 않아요.

　　1) 기숙사 / 깨끗하다　　　　　2) 한국사람 / 친절하다

　　3) 방 / 넓다　　　　　　　　　4) 김치 / 맵다

　　5) 오늘 / 따뜻하다　　　　　　6) 영어 / 잘하다(잘 못하다)

　　7) 일본사람 / 많다　　　　　　8) 삼겹살 / 맛있다

【新出単語】

닦다 : 磨く　　몹시 : とても、たいへん、ひどく　　기사 : 記事
무척 : 非常に、大層　　마음껏 : 心行くまで、思い切り、思う存分
박물관 : 博物館　　문방구 : 文房具屋　　연필 : 鉛筆　　원하다 : ほしい
산보 : 散歩　　배구 : バレーボール　　프랑스어 : フランス語
등산 : 登山　　기숙사 : 寮　　한국사람 : 韓国人　　친절하다 : 親切だ
일본사람 : 日本人　　삼겹살 : サンギョッサル (韓国料理、三枚肉)

스즈키 : 여보세요. 교수님 댁입니까?

사모님 : 네 그렇습니다.

스즈키 : 저는 스즈키라고 합니다.

　　　　교수님 계세요?

사모님 : 아니오. 지금 집에 없어요

　　　　조금 전에 외출했어요.

스즈키 : 그럼 제가 내일 학교 가기 전에

　　　　다시 전화하겠습니다.

사모님 : 알겠습니다.

　　　　그렇게 전해드리겠어요.

스즈키 : 그럼 안녕히 계십시오.

　鈴木　：　もしもし。先生のお宅ですか？
　奥さま　：　はい、そうです。
　鈴木　：　私は鈴木といいます。先生はお見えですか？
　奥さま　：　いいえ、今家にはおりません。少し前に出かけました。
　鈴木　：　それでは、私が明日学校に行く前にまたお電話します。
　奥さま　：　分かりました。そのようにお伝えします。
　鈴木　：　それでは、さようなら。

【新出単語】

여보세요 : もしもし　　　댁 : お宅　　　사모님 : 奥さま

외출하다 : 出かける、外出する　　　-기 전에 : 〜前に　　　전하다 : 伝える

답장 : 返事　　　나머지 : 残り　　　준비하다 : 準備する　　　전철 : 電車

앞으로 : これから　　　때 : 時　　　걸어가다 : 歩いていく　　　정류장 : 停留場

샌드위치 : サンドイッチ　　　쉬다 : 休む　　　함께 : 一緒に　　　삼년 : 三年

약속하다 : 約束する　　　내 : 私、私の　　　너 : あなた　　　네 : あなた

책임 : 責任　　　잘못 : 間違い、誤り　　　탓 : せい

【ポイント】

1　用言＋「-겠어요」　　🔊 TR52

제가 답장을 쓰겠어요.　　　　　私が返事を出します。
내년에는 유학을 가겠어요.　　　来年には留学に行きます。
나머지는 제가 준비하겠어요.　　残りは私が準備します。

※　用言＋「-겠어요?」

무엇을 먹겠어요?　　　　　何を食べますか？
전철을 타겠어요?　　　　　電車に乗りますか？
커피를 마시겠어요?　　　　コーヒーを飲みますか？

※　用言＋「-지 않겠어요」

앞으로는 울지 않겠어요.　　　　　これからは泣きません。
더이상 말하지 않겠어요.　　　　　これ以上話しません。
시험 때까지 놀지 않겠어요.　　　試験の時まで遊びません。

※　用言＋「-지 않겠어요?」

같이 공부하지 않겠어요?　　　　一緒に勉強しませんか？
내일 다시 오지 않겠어요?　　　　明日また来ませんか？
학교까지 걸어가지 않겠어요?　　学校まで歩きませんか？

여보세요!

2 用言＋「-겠습니다」

시험을 시작하겠습니다. 　　　　　試験を始めます。
다음주에 다시 오겠습니다. 　　　　来週また来ます。
버스정류장에서 기다리겠습니다. 　バス停留場で待ちます。

※　用言＋「-겠습니까?」

여행을 가겠습니까? 　　　　　　旅行に行きますか？
영화를 보겠습니까? 　　　　　　映画を見ますか？
샌드위치를 먹겠습니까? 　　　　サンドイッチを食べますか？

※　用言＋「-지 않겠습니다」

술은 마시지 않겠습니다. 　　　　　　お酒は飲みません。
수업시간에는 떠들지 않겠습니다. 　授業の時はおしゃべりしません。
앞으로는 전화를 걸지 않겠습니다. 　これからは電話をかけません。

※　用言＋「-지 않겠습니까?」

좀 쉬지 않겠습니까? 　　　　　少し休みませんか？
함께 가지 않겠습니까? 　　　　一緒に行きませんか？
같이 만나지 않겠습니까? 　　　一緒に会いませんか？

3 名詞＋「전에」

하루 전에 알았어요. 　　　　　一日前にわかりました。
한달 전에 만들었어요. 　　　　一か月前に作りました。
삼년 전에 약속했어요. 　　　　３年前に約束しました。

4 用言＋「-기 전에」　　TR53

밥을 먹기 전에 손을 씻어요. 　　ご飯を食べる前に手を洗います。
잠을 자기 전에 샤워를 해요. 　　寝る前にシャワーを浴びます。
청소를 하기 전에 창문을 열어요. 　掃除をする前に窓を開けます。

전화로 마음의 메세지를!!

「누구/나/너/저」＋助詞

	은/는 (は)	이/가 (が)	의 (の)
누구 (誰)	누구는	누가	누구의/누구
나 (私)	나는	내가	나의/내
너 (あなた)	너는	네가	너의/네
저 (私)	저는	제가	저의/제

누가 와요?	誰が来ますか？
내가 청소했어요.	私が掃除しました。
제가 하겠어요.	私がやります。
누구 책임이에요?	誰の責任ですか？
네 잘못이에요.	あなたの間違いです。
제 탓이에요.	私のせいです。

한국에서 공중전화는 얼마예요?

【練習1】

1. _____겠어요.

　　보기 : 다시 전화하다 → 다시 전화하겠어요

　　1) 내일 연락하다　　　　　　 2) 먼저 진찰을 받다

　　3) 여기서 기다리다　　　　　 4) 일본 음식을 만들다

　　5) 택시를 타다　　　　　　　 6) 운동을 하다

　　7) 답장을 쓰다　　　　　　　 8) 옷을 갈아입다

2. _____지 않겠어요.

　　보기 : 이야기를 하다 → 이야기를 하지 않겠어요.

　　1) 여행을 가다　　　　　　　 2) 술을 마시다

　　3) 친구를 만나다　　　　　　 4) 인스턴트 식품을 먹다

　　5) 영어를 사용하다　　　　　 6) 내일은 늦다

　　7) 거짓말을 하다　　　　　　 8) 가만히 있다

3. 시간이 있으면 같이 _____지 않겠어요?

　　보기 : 여행을 하다

　　　　→ 시간이 있으면 같이 여행을 하지 않겠어요?

　　1) 하이킹을 가다　　　　　　 2) 선생님 병문안을 가다

　　3) 대학교 축제에 가다　　　　 4) 봉사활동을 가다

　　5) 회사일을 돕다　　　　　　 6) 탁구를 치다

　　7) 김치를 담그다　　　　　　 8) 노래 연습을 하다

4. _____전에 _____았어요/었어요/였어요.

　　보기 : 조금 / 수업이 끝나다

　　　　→ 조금 전에 수업이 끝났어요

　　1) 일 년 / 유학을 가다　　　　 2) 한 달 / 짬뽕을 먹다

　　3) 일주일 / 약속을 하다　　　　 4) 한 시간 / 출발하다

　　5) 삼십 분 / 도착하다　　　　　 6) 하루 / 연락이 오다

　　7) 이틀 / 사고가 나다　　　　　 8) 사흘 / 비가 오다

5. _____기 전에 _____아요/어요/여요.

　　보기 : 밥을 먹다 / 손을 씻다

　　　→ 밥을 먹기 전에 손을 씻어요.

　1) 잠을 자다 / 일기를 쓰다　　　2) 지하철을 타다 / 표를 사다

　3) 졸업하다 / 자격증을 따다　　　4) 수영을 하다 / 준비운동을 하다

　5) 친구 집에 가다 / 전화하다　　　6) 방에 들어가다 / 노크를 하다

　7) 한국에 오다 / 한국말을 배우다　8) 아침밥을 먹다 / 세수를 하다

【練習２】　　　TR54

１. 反復 (여보세요 : もしもし)

　1) 여보세요. 교수님 댁입니까?

　　　네, 그렇습니다.

　2) 여보세요. 이미영 씨 댁입니까?

　　　네, 그렇습니다.

　3) 여보세요. 선생님 댁입니까?

　　　네, 그렇습니다.

　4) 여보세요. 스즈끼씨 댁입니까?

　　　네, 그렇습니다.

【新出単語】

진찰 : 診察　　갈아입다 : 着替える　　인스턴트 : インスタント

식품 : 食品　　사용하다 : 使用する、使う　　거짓말 : うそ

가만히 : じっと、静かに　　하이킹 : ハイキング　　병문안 : お見舞い

축제 : 祭り　　봉사활동 : ボランティア　　탁구 : 卓球、ピンポン

담그다 : つける　　연습 : 練習　　일년 : 一年　　짬뽕 : ちゃんぽん

출발하다 : 出発する　　연락 : 連絡　　이틀 : 二日、二日間　　사고 : 事故

사흘 : 三日、三日間　　일기 : 日記　　표 : 切符　　자격증 : 資格証

따다 : 取る、摘む　　준비운동 : 準備運動、ウォーミングアップ

들어가다 : 入っていく　　노크 : ノック　　아침밥 : 朝ごはん　　세수 : 洗面

第15課 요리나 여행이에요.

이미영 : 스즈키씨는 취미가 뭐예요?

스즈키 : 요리나 여행이에요.

이미영 : 그럼, 무슨 요리를 잘해요?

스즈키 : 스키야키를 잘 만듭니다.

이미영 : 여행은 누구랑 가요?

스즈키 : 혼자 갈 때도 있고, 친구와 같이

　　　　갈 때도 있어요.

이미영 : 한국에서 어디가 가장 좋았어요?

스즈키 : 부산이 가장 인상에 남아요.

イミョン ： 鈴木さんは趣味はなんですか。
　鈴木　 ： 料理や旅行です。
イミョン ： では、どんな料理をよく作りますか？
　鈴木　 ： すき焼きをよく作ります。
イミョン ： 旅行は誰と行きますか。
　鈴木　 ： 一人で行く時もあるし、友達と一緒に行く時もあります。
イミョン ： 韓国でどこが一番よかったですか。
　鈴木　 ： 釜山が一番印象に残っています。

【新出単語】

나 ： ‐や、‐か	랑 ： ‐と	혼자 ： 一人	‐ㄹ 때 ： ‐するとき
가장 ： 一番	부산 ： プサン（釜山：韓国の都市）	인상 ： 印象	남다 ： 残る

시장 ： 市場	이나 ： ‐や、‐か	라면 ： ラーメン	쥬스 ： ジュース
남동생 ： 弟	견학 ： 見学	사장님 ： 社長	출장 ： 出張
소풍 ： 遠足	언니 ： 姉、お姉さん	미술관 ： 美術館	
농구 ： バスケットボール	여자 친구 ： 女の友達、彼女	이랑 ： ‐と	
팔씨름 ： 腕相撲	소꿉장난 ： ままごと	와인 ： ワイン	안경 ： 眼鏡
쓰다 ： （眼鏡を）かける	값 ： 値段		

【ポイント】

1 「ㄹ」不規則用言（「ㄹ」脱落現象）　TR56

	原型	‐ㅂ니다	‐아서/어서	‐(으)면
不規則	알다	압니다	알아서	알면
	열다	엽니다	열어서	열면
	만들다	만듭니다	만들어서	만들면

저는 한국말을 압니다.	私は韓国語が分かります。
엄마가 김치를 만듭니다.	お母さんがキムチを作ります。
그것은 시장에서 팝니다.	それは市場で売っています。

2 体言＋「이나」

밥이나 라면을 먹어요.	ご飯かラーメンを食べます。
책이나 잡지를 읽어요.	本か雑誌を読みます。
오늘이나 내일이 좋아요.	今日か明日がいいですね。

※　体言＋「나」

영화나 비디오를 봐요.	映画かビデオを見ます。
커피나 쥬스를 마셔요.	コーヒーかジュースを飲みます。
영어나 프랑스어를 써요.	英語かフランス語を使います。

3 体言＋「과 같이(함께)」

남동생과 같이 게임을 해요.　　　　弟と一緒にゲームをします。
선생님과 함께 견학을 가요.　　　　先生と一緒に見学に行きます。
사장님과 함께 출장을 갔어요.　　　社長と一緒に出張に行きました。

※　体言＋「와 같이(함께)」

선배와 같이 술을 마셨어요.　　　　先輩と一緒にお酒を飲みました。
친구와 같이 소풍을 갔어요.　　　　友達と一緒に遠足に行きました。
언니와 함께 미술관에 갔어요.　　　お姉さんと一緒に美術館に行きました。

※　体言＋「하고 같이(함께)」

친구들하고 같이 농구를 했어요.　　友達とバスケットボールをしました。
아이들하고 함께 동물원에 가요.　　子どもたちと動物園に行きます。
여자친구하고 같이 영화를 봤어요. 彼女と映画を見ました。

4 体言＋「이랑」　　　TR57

형이랑 팔씨름을 해요.　　　　　　兄と腕相撲をします。
남동생이랑 테니스를 해요.　　　　弟とテニスをします。
친구들이랑 소꿉장난을 해요.　　　友達とままごとをします。

※　体言＋「랑」

나랑 같이 갑시다.　　　　　　　　私と一緒に行きましょう。
엄마랑 김치를 담가요.　　　　　　お母さんとキムチをつけます。
선배랑 와인을 마셔요.　　　　　　先輩とワインを飲みます。

마늘이에요!!

92

5 用言＋「-ㄹ 때가 있어요」

영화를 볼 때가 있어요.　　　　　映画を見る時があります。

안경을 쓸 때가 있어요.　　　　　めがねをかける時があります。

주말에도 바쁠 때가 있어요.　　　週末にも忙しい時があります。

※　用言＋「-을 때가 있어요」

소설을 읽을 때가 있어요.　　　　小説を読む時があります。

과일을 먹을 때가 있어요.　　　　果物を食べる時があります。

소리가 작을 때가 있어요.　　　　音が小さい時があります。

※　用言＋「-(으)ㄹ 때도 있고 -(으)ㄹ 때도 있어요」

값이 비쌀 때도 있고, 쌀 때도 있어요.

　　　　　　　値段が高い時もあるし、安い時もあります。

학교에 갈 때도 있고, 집에 있을 때도 있어요.

　　　　　　　学校に行く時もあるし、家にいる時もあります。

뉴스를 볼 때도 있고, 신문을 읽을 때도 있어요.

　　　　　　　ニュースを見る時もあるし、新聞を読む時もあります。

신나는 여행을 떠나요!!

【練習 1】

1. ＿＿＿＿＿이나/나 ＿＿＿＿＿을/를 ＿＿＿＿＿아요/어요/여요.

   보기 : 버스 / 지하철 / 타다

   　　　→ 버스나 지하철을 타요.

   1) 빵 / 밥 / 먹다　　　　　　2) 골프 / 테니스 / 치다

   3) 케이크 / 과자 / 만들다　　4) 소설 / 잡지 / 읽다

   5) 영화 / 비디오 / 보다　　　6) 꽃 / 화장품 / 사다

   7) 미술관 / 박물관 / 가다　　8) 한복 / 기모노 / 입다

2. 가 : ＿＿＿＿＿에/에서 ＿＿＿＿＿을/를 ＿＿＿＿＿아요/어요/여요?
   나 : ＿＿＿＿＿이나/나 ＿＿＿＿＿을/를 ＿＿＿＿＿아요/어요/여요.

   보기 : 백화점 / 무엇 / 사다　　　옷 / 구두 / 사다

   　　　→ 가 : 백화점에서 무엇을 사요?

   　　　　　나 : 옷이나 구두를 사요.

   1) 주말 / 누구 / 만나다　　　친구 / 선배 / 만나다

   2) 점심 / 무엇 / 먹다　　　　샌드위치 / 도시락 / 먹다

   3) 집 / 무엇 / 하다　　　　　텔레비전 / 비디오 / 보다

   4) 어디 / 레포트 / 쓰다　　　도서관 / 집 / 쓰다

   5) 슈퍼마켓 / 무엇 / 사다　　과자 / 음료수 / 사다

   6) 카페 / 무엇 / 마시다　　　커피 / 쥬스 / 마시다

3. ＿＿＿＿＿ㄹ 때/을 때 ＿＿＿＿＿아요/어요/여요.

   보기 : 밥을 먹다 / 손을 씻다

   　　　→ 밥을 먹을 때 손을 씻어요.

   1) 잠을 자다 / 음악을 듣다　　2) 집에 가다 / 지하철을 타다

   3) 방이 덥다 / 에어컨을 켜다　4) 시간이 있다 / 비디오를 보다

   5) 친구 집에 가다 / 전화하다　6) 날씨가 좋다 / 드라이브를 가다

   7) 배가 고프다 / 초콜릿을 먹다　8) 돈이 없다 / 아르바이트를 하다

4. 「ㄹ」불규칙 동사연습을 해 봅시다.

   1) _____아요/어요/여요.

   2) _____ㅂ니다.

  보기 : 프랑스어를 알다

     → 1) **프랑스어를 알아요.**

     → 2) **프랑스어를 압니다**

  1) 음식을 만들다   2) 문을 열다

  3) 언니와 놀다   4) 자동차를 팔다

  5) 짐을 들다   6) 인천에서 살다

  7) 케이크가 달다   8) 아기가 울다

5. _____와/과 같이(함께) _____아요/어요/여요.

  보기 : 부모님 / 여행을 가다

    → **부모님과 같이 여행을 가요.**

  1) 동생 / 장난감을 만들다   2) 후배 / 연극을 보다

  3) 언니 / 요리를 배우다   4) 친구들 / 축구를 하다

  5) 회사동료들 / 야유회를 가다   6) 여자친구 / 축제에 참가하다

  7) 부모님 / 살다   8) 고모 / 할머니를 만나다

┌───┐
【新出単語】

화장품 : 化粧品   한복 : 韓服   도시락 : お弁当

슈퍼마켓 : スーパーマーケット   음료수 : 飲み物   카페 : カフェ

드라이브 : ドライブ   아르바이트 : アルバイト   자동차 : 自動車、車

들다 : 持つ   인천 : インチョン (仁川:韓国の都市)   아기 : 赤ん坊、赤ちゃん

장난감 : おもちゃ   후배 : 後輩   축구 : サッカー   야유회 : ピクニック

고모 : おば（父の姉妹）   할머니 : おばあさん、祖母
└───┘

第16課 자료 찾으러 같이 갈래요? TR58

이미영 : 스즈키씨. 발표준비 다 됐어요?

스즈키 : 아니오. 아직 자료도 못 구했어요.

　　　　 미영씨는요?

이미영 : 저도 준비는 하는데 자료가 부족해요.

　　　　 자료 찾으러 같이 갈래요?

스즈키 : 좋아요. 어디가 좋을까요?

이미영 : 먼저 국회도서관에 가 봅시다.

　　　　 언제 갈까요?

스즈키 : 저는 내일이라도 괜찮아요.

イミョン　：　鈴木さん。発表準備もう終りましたか？
　鈴木　　：　いいえ、まだ、資料も手に入っていません。
　　　　　　　ミョンさんは？
イミョン　：　私も準備はしていますが、資料が足りません。
　　　　　　　資料を探しに一緒に行きましょうか？
　鈴木　　：　いいですね。どこがいいでしょうか？
イミョン　：　まず、国会図書館に行ってみましょう。
　　　　　　　いつ行きましょうか。
　鈴木　　：　私は明日でもいいです。

자료：資料　　찾다：探す　　으러：－に　　-ㄹ래요？：－ますか？

발표：発表　　준비：準備　　다 되다：終わる　　구하다：探す、求める

-는요？：－は？　　부족하다：不足する、足りない

-을까요？：－ましょうか？、－でしょうか？　　국회：国会　　이라도：－でも

-ㄹ래요：－ます　　일찍：早く　　캠핑：キャンプ　　엽서：ハガキ

-을래요：－ます　　소파：ソファー　　얼굴：顔　　좀 더：もう少し

-을래요？：－ますか？　　초밥：寿司

-ㄹ까요？：－ましょうか？、－でしょうか？　　스토브：ストーブ

고속버스：高速バス　　화분：植木鉢　　놓다：置く　　러：－に

단풍구경：紅葉狩り　　머리：髪の毛　　감다：(髪を)洗う　　사인：サイン

라도：－でも　　은요？：－は？

【ポイント】

1　用言＋「-ㄹ래요」　　　TR59

오늘은 일찍 잘래요.	今日は早く寝ます。
주말에는 캠핑을 갈래요.	週末はキャンプに行きます。
친구에게 엽서를 쓸래요.	友達にハガキを書きます。

※　用言＋「-을래요」

사진을 찍을래요.	写真を撮ります。
소파에 앉을래요.	ソファーに座ります。
얼굴을 씻을래요.	顔を洗います。

2　用言＋「-ㄹ래요?」

메일을 보낼래요?	メールを送りますか？
좀 더 기다릴래요?	もう少し待ちますか？
피곤하면 좀 쉴래요?	疲れたなら少し休みますか？

※　用言＋「-을래요?」

잡지를 읽을래요?	雑誌を読みますか？
음악을 들을래요?	音楽を聞きますか？
초밥을 먹을래요?	お寿司を食べますか？

3 用言＋「-ㄹ까요?」

유원지에 갈까요?	遊園地に行きましょうか？
스토브를 끌까요?	ストーブを消しましょうか？
고속버스를 탈까요?	高速バスに乗りましょうか？

※ 用言＋「-을까요?」

창문을 닫을까요?	窓を閉めましょうか？
음악을 들을까요?	音楽を聞きましょうか？
화분을 놓을까요?	植木鉢を置きましょうか？

4 用言＋「-러」　　TR60

우유를 사러 가요.	牛乳を買いに行きます。
친구를 만나러 가요.	友達に会いに行きます。
단풍구경을 하러 가요.	紅葉狩りに行きます。

※ 用言＋「-으러」

밥을 먹으러 와요.	ご飯を食べに来ます。
손을 씻으러 와요.	手を洗いに来ます。
머리를 감으러 와요.	髪の毛を洗いに来ます。

5 体言＋「이라도」

사인이라도 해 주세요.	サインでもしてください。
라면이라도 먹을래요.	ラーメンでも食べます。
주말이라도 괜찮아요.	週末でもいいです。

※ 体言＋「라도」

저라도 괜찮겠어요?	私でもいいでしょうか？
맥주라도 마시겠어요?	ビールでも飲みますか？
담배라도 피우겠어요?	煙草でも吸いますか？

6 体言＋「는요?」

저는요?	私は？
학교는요?	学校は？
커피는요?	コーヒーは？

※ 体言＋「은요?」

돈은요?	お金は？
방학은요?	休みは？
시험은요?	試験は？

【練習 1 】

1. _____에_____(으)러 가요.

보기 : 역 / 지하철을 타다

　　→ 역에 지하철을 타러 가요

1) 백화점 / 선물을 사다　　　　2) 바다 / 수영을 하다

3) 식당 / 밥을 먹다　　　　　　4) 명동 / 친구를 만나다

5) 설악산 / 단풍구경을 하다　　6) 잠실운동장 / 야구구경을 하다

7) 서점 / 잡지를 사다　　　　　8) 온천 / 쉬다

2. 가 : 어디에 가요?

　　나 : _____(으)러 _____에 가요.

보기 : 구두를 사다 / 백화점

　　→ 가 : 어디에 가요?

　　　　나 : 구두를 사러 백화점에 가요.

1) 공부하다 / 도서관　　　　　2) 영화를 보다 / 종로

3) 소포를 보내다 / 우체국　　　4) 스키를 타다 / 용평

5) 자료를 찾다 / 국회도서관　　6) 진찰을 받다 / 병원

7) 도시락을 사다 / 편의점　　　8) 책을 빌리다 / 친구 집

3. _____ (으)ㄹ래요?

보기 : 같이 공부하다　→　같이 공부할래요?

1) 내일 명동에서 만나다　　　　2) 회사에 같이 출근하다

3) 라디오를 켜다　　　　　　　4) 우리 집에 들리다

5) 함께 자료를 찾다　　　　　　6) 같이 병문안을 가다

7) 의자에 앉다　　　　　　　　8) 마루를 닦다

4. 가 : _____ (으)러 갈까요?

　　나 : 네, 좋아요. 같이 _____(으)러 가요.

　　보기 : 드라이브하다

　　　　→ 가 : 드라이브하러 갈까요?

　　　　　 나 : 네, 좋아요. 같이 드라이브하러 가요.

　　1) 점심 먹다　　　　　　　　2) 그림을 보다

　　3) 생일선물을 사다　　　　　4) 낚시하다

　　5) 골프를 치다　　　　　　　6) 인사하다

　　7) 야구구경을 하다　　　　　8) 보트를 타다

5. _____(이)라도 _____겠어요?.

　　보기 : 주말 / 괜찮다

　　　　→ 주말이라도 괜찮겠어요?

　　1) 커피 / 좋다　　　　　　　2) 오후 / 괜찮다

　　3) 우유 / 마시다　　　　　　4) 약 / 먹다

　　5) 일요일 / 오다　　　　　　6) 식사 / 하다

　　7) 주사 / 맞다　　　　　　　8) 선풍기 / 틀다

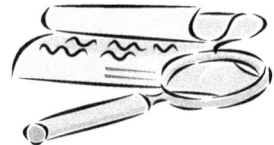

【新出単語】

명동 : ミョンドン（明洞）　　　잠실운동장 : チャムシル運動場　　　서점 : 本屋

온천 : 温泉　　　종로 : チョンロ（鐘路）　　　소포 : 小包

용평 : ヨンピョン（龍平）　　出勤하다 : 出勤する　　　라디오 : ラジオ

마루 : 床、板の間　　　낚시하다 : 釣る　　　보트 : ボート　　　오후 : 午後

주사 : 注射　　　주사를 맞다 : 注射を打たれる　　　선풍기 : 扇風機

틀다 : つける

第17課 한국 음식을 만들 수 있어요?

이미영 : 스즈키씨는 언제 한국에 왔어요?

스즈키 : 육개월 전에 왔어요.

이미영 : 그럼, 한국 음식을 만들 수 있어요?

스즈키 : 아니오, 전혀 못 만들어요.

이미영 : 한번도 만들어 본 적이 없어요?

스즈키 : 한번 만들어 보았지만, 실패했어요.

　　　　 한국 요리를 정말 배우고 싶어요.

이미영 : 어떤 음식을 제일 배우고 싶어요?

스즈키 : 김치를 한번 만들어 보고 싶어요.

イミョン ： 鈴木さんはいつ韓国に来ましたか。
　鈴木　 ： 六ヶ月前に来ました。
イミョン ： では、韓国の食べ物が作れますか？
　鈴木　 ： いいえ、全然作れません。
イミョン ： 一度も作ったことがないですか？
　鈴木　 ： 一度作ってみましたが、失敗しました。
　　　　　 韓国の料理を本当に学びたいです。
イミョン ： どんな食べ物が一番習いたいですか？
　鈴木　 ： キムチを一度作ってみたいですね。

【新出単語】

-ㄹ 수 있어요? : －することができますか?　　개월 : －ヶ月

한번도 : 一度も、一回も　　-ㄴ 적이 없어요? : －したことがありませんか?

실패하다 : 失敗する　　어떤 : どんな

-아 봐요 : －てください　　감 : 柿　　깎다 : 剥く　　지도 : 地図

냄새 : におい　　맡다 : 嗅ぐ　　-어 봐요 : －てください　　들다 : あげる

말을 걸다 : 声をかける　　-여 봐요 : －てください　　생각하다 : 思う、考える

일본어 : 日本語　　-아 보고 싶어요 : －てみたいです

-어 보고 싶어요 : －てみたいです　　종이학 : 折鶴　　접다 : 折る

김치찌개 : キムチチゲ　　-여 보고 싶어요 : －てみたいです

운전하다 : 運転する　　상담하다 : 相談する　　세계사 : 世界史

-ㄹ 수 있어요 : －することができます　　발레 : バレー

-을 수 있어요 : －することができます　　비자 : ビザ　　끊다 : 辞める

-ㄹ 수 없어요 : －することができません　　장점 : 長所　　살리다 : 生かす

부탁 : 頼み、お願い　　들어주다 : 聞いてやる、聞き入れる

-을 수 없어요 : －することができません　　싣다 : 載せる

인연 : 因縁、ゆかり、縁、きずな　　맺다 : 結ぶ

-ㄴ 적이 있어요 : －したことがあります　　기르다 : 飼う、育てる

소주 : 焼酎　　-은 적이 있어요 : －したことがあります　　야단 : 大騒ぎ、一大事

야단을 맞다 : 叱られる　　부츠 : ブーツ　　신다 : 履く

-ㄴ 적이 없어요 : －したことがありません　　파마 : パーマ　　노래방 : カラオケ

비행기 : 飛行機　　-은 적이 없어요 : －したことがありません　　꾸중 : お叱り

꾸중을 듣다 : 叱られる　　용돈 : お小遣い

【ポイント】

1　用言＋「-아 봐요」　　　　TR62

감을 깎아 봐요.	柿を剥いてみてください。
지도를 찾아 봐요.	地図を探してみてください。
냄새를 맡아 봐요.	においを嗅いでみてください。

※　用言＋「-어 봐요」

손을 들어 봐요.	手を上げてみてください。
말을 걸어 봐요.	声をかけてみてください。
식혜를 마셔 봐요.	シッケを飲んでみてください。

※　用言＋「-여 봐요」

좀 더 생각해 봐요.	もう少し考えてみてください。
일본어로 말해 봐요.	日本語で話してみてください。
친구에게 연락해 봐요.	友達に連絡してみてください。

2 用言＋「-아 보고 싶어요」

부산에 가 보고 싶어요.　　　　　釜山に行ってみたいです。
친구를 만나 보고 싶어요.　　　　友達に会ってみたいです。
병원을 찾아 보고 싶어요.　　　　病院を探してみたいです。

※　用言＋「-어 보고 싶어요」

종이학을 접어 보고 싶어요.　　　折鶴を折ってみたいです。
한국 소설을 읽어 보고 싶어요.　韓国小説を読んでみたいです。
김치찌개를 만들어 보고 싶어요.　キムチチゲを作ってみたいです。

※　用言＋「-여 보고 싶어요」

자동차를 운전해 보고 싶어요.　　車を運転してみたいです。
친구에게 상담해 보고 싶어요.　　友達に相談してみたいです。
세계사를 연구해 보고 싶어요.　　世界史を研究してみたいです。

3 用言＋「-ㄹ 수 있어요」

발레를 할 수 있어요.　　　　　　バレーができます。
좀 더 기다릴 수 있어요.　　　　もう少し待てます。
한국어를 가르칠 수 있어요.　　　韓国語が教えられます。

※　用言＋「-을 수 있어요」

한글을 읽을 수 있어요.　　　　　ハングルが読めます。
비자를 받을 수 있어요.　　　　　ビザがもらえます。
담배를 끊을 수 있어요.　　　　　煙草を辞めることができます。

※　用言＋「-ㄹ 수 없어요」

장점을 살릴 수 없어요.　　　　　長所を生かすことができません。
담배는 피울 수 없어요.　　　　　タバコは吸えません。
그 부탁은 들어 줄 수 없어요.　　その頼みは聞いてあげられません。

※　用言＋「-을 수 없어요」

물건을 실을 수 없어요.　　　　　ものを載せることができません。
자료를 찾을 수 없어요.　　　　　資料を探すことができません。
부부의 인연을 맺을 수 없어요.　夫婦の契りを結ぶことができません。

用言＋「-ㄴ 적이 있어요」　　　🔘 TR63

개를 기른 적이 있어요.	犬を飼ったことがあります。
일본 영화를 본 적이 있어요.	日本映画を見たことがあります。
한국 소주를 마신 적이 있어요.	韓国の焼酎を飲んだことがあります。

※　用言＋「-은 적이 있어요」

만화를 읽은 적이 있어요.	漫画を読んだことがあります。
야단을 맞은 적이 있어요.	叱られたことがあります。
부츠를 신은 적이 있어요.	ブーツを履いたことがあります。

※　用言＋「-ㄴ 적이 없어요」

파마를 한 적이 없어요.	パーマをしたことがありません。
노래방에 간 적이 없어요	カラオケに行ったことがありません。
비행기를 탄 적이 없어요.	飛行機に乗ったことがありません。

※　用言＋「-은 적이 없어요」

꾸중을 들은 적이 없어요.	叱られたことがありません。
용돈을 받은 적이 없어요.	お小遣いをもらったことがありません。
약속시간에 늦은 적이 없어요.	約束の時間に遅れたことがありません。

【練習1】

1. _____아/어/여 봐요.

   보기 : 먹다 → 먹어 봐요.

   1) 치마저고리를 입다   2) 편지를 보내다

   3) 장갑을 벗다   4) 모자를 쓰다

   5) 아기를 안다   6) 손을 잡다

   7) 사용법을 설명하다   8) 일본어로 번역하다

2. _____아/어/여 보고 싶어요.

   보기 : 먹다 → 먹어 보고 싶어요.

   1) 고향을 떠나다   2) 취직하다

   3) 머리를 자르다   4) 영국에서 살다

   5) 안경을 쓰다   6) 중국어를 배우다

   7) 일본어를 가르치다   8) 늦잠을 자다

3. 가 : _____에 무엇을 하고 싶어요?

   나 : _____아/어/여 보고 싶어요.

   보기 : 오늘밤 / 남산타워에 가다

       → 가 : 오늘밤에 무엇을 하고 싶어요?

         나 : 남산타워에 가 보고 싶어요.

   1) 오후 / 럭비구경을 가다   2) 저녁 / 바닷가를 거닐다

   3) 주말 / 가구를 옮기다   4) 휴일 / 유람선을 타다

   5) 일요일 / 잡채를 만들다   6) 방학 / 피아노를 배우다

   7) 내년 / 전시회를 열다   8) 생일 / 깜짝파티를 하다

4. 가 : _____(으)ㄹ 수 있어요?

　　나 : 아니오, _____(으)ㄹ 수 없어요.

　　보기 : 김치찌개를 만들다

　　　　　→ 가 : 김치찌개를 만들 수 있어요?

　　　　　　　나 : 아니오, 만들 수 없어요.

1) 지금 시간을 내다　　　　　2) 한자를 읽다

3) 우산을 빌려주다　　　　　　4) 시합에서 이기다

5) 혼자서 살다　　　　　　　　6) 내일 만나다

7) 학교까지 걷다　　　　　　　8) 영어를 알아듣다

5. 가 : _____(으)ㄴ 적이 있어요?

　　나 : 아니오, _____(으)ㄴ 적이 없어요.

　　보기 : 파티에 초대를 받다

　　　　　→ 가 : 파티에 초대를 받은 적이 있어요?

　　　　　　　나 : 아니오, 파티에 초대를 받은 적이 없어요.

1) 제주도에 가다　　　　　　　2) 갈비탕을 먹다

3) 한복을 입어보다　　　　　　4) 메일을 보내다

5) 학교에 지각하다　　　　　　6) 세미나에 참석하다

7) 거짓말을 하다　　　　　　　8) 병원에 입원하다

【新出単語】

치마저고리 : チマチョゴリ　　장갑 : 手袋　　벗다 : 脱ぐ、（手袋を）取る

모자 : 帽子　　쓰다 : かぶる　　안다 : 抱く　　잡다 : 握る、（手を）取る

사용법 : 使用法　　설명하다 : 説明する　　번역하다 : 翻訳する

떠나다 : 発つ　　취직하다 : 就職する　　자르다 : 切る　　영국 : イギリス

중국어 : 中国語　　늦잠을 자다 : 朝寝坊をする　　오늘밤 : 今晩

럭비 : ラグビー　　거닐다 : ぶらつく、散歩する　　가구 : 家具

옮기다 : 移す　　유람선 : 遊覧船　　잡채 : ジャプチェ

전시회 : 展示会　　열다 : 開く　　깜짝파티 : サプライジーングパーティー

내다 : 出す　　한자 : 漢字　　우산 : 傘　　빌려주다 : 貸す

시합 : 試合　　알아듣다 : 聞き取る　　초대 : 招待　　갈비탕 : カルビタン

지각하다 : 遅刻する　　세미나 : セミナー　　참석하다 : 出席する

입원하다 : 入院する

第18課 뭘 하려고 합니까?

이미영 : 방학에 뭘 하려고 합니까?

스즈키 : 태권도를 배우려고 해요.

이미영 : 아, 그래요. 어디에서요?

스즈키 : 문화센터에 다닐 생각이에요.

이미영 : 혼자서요?

스즈키 : 친구와 같이 다니려고 해요.

이미영 : 저는 태권도를 못해요. 다음에

스즈키씨가 좀 가르쳐 줄래요?

스즈키 : 농담이지요.

イミョン　：鈴木さんは冬休みに何をしようと思いますか。
　鈴木　：テコンドを習おうと思っています。
イミョン　：あ、そうですか。どこでですか。
　鈴木　：文化センターに通うつもりです。
イミョン　：一人でですか。
　鈴木　：友達と一緒に通おうと思っています。
イミョン　：私はテコンドができません。
　　　　　今度、鈴木さんがちょっと教えてくれませんか。
　鈴木　：冗談でしょう。

【ポイント】

1　用言＋「-려고 해요」　　　TR65

물을 끓이려고 해요.	お湯を沸かそうと思います。
달러로 바꾸려고 해요.	ドルに替えようと思います。
자동차를 팔려고 해요.	車を売ろうと思います。

※　用言＋「-으려고 해요」

돈을 찾으려고 해요.	お金をおろそうと思います。
달걀을 삶으려고 해요.	卵をゆでようと思います。
고기를 볶으려고 해요.	肉を炒めようと思います。

2 用言＋「-ㄹ 생각이에요」

꽃을 키울 생각이에요.　　　　　花を育てるつもりです。
최선을 다 할 생각이에요.　　　　最善を尽くすつもりです。
여관에 머무를 생각이에요.　　　　旅館に泊まるつもりです。

※　用言＋「-을 생각이에요」

이를 닦을 생각이에요.　　　　　　歯を磨くつもりです。
발을 씻을 생각이에요.　　　　　　足を洗うつもりです。
손톱을 깎을 생각이에요.　　　　　爪を切るつもりです。

3 用言＋「-아 줘요」（－てくれる／－てあげる）

형이 같이 놀아 줘요.　　　　　　兄が一緒に遊んでくれます。
학용품은 엄마가 사 줘요.　　　　文房具は母が買ってくれます。
내 짐은 친구가 맡아 줘요.　　　　私の荷物を預かってくれます。

※　用言＋「-어 줘요」

아침에는 남편이 깨워 줘요.　　　朝は夫が起こしてくれます。
고장이 나면 아빠가 고쳐 줘요.　　故障したら父が直してくれます。
휴강이 되면 교무과에서 알려 줘요.
　　　　　　　　　　休講になると教務課から知らせてくれます。

※　用言＋「-여 줘요」

언제나 깨끗하게 청소를 해 줘요.　　いつもきれいに掃除をしてくれます。
안내원이 서울 시내를 안내해 줘요.
　　　　　　　　　　ガイドがソウル市内を案内してくれます。
그 사람은 좋은 소식만을 전해 줘요.
　　　　　　　　　　その人はよい知らせだけを伝えてくれます。

4 用言＋「-아 줘요」（－てください）　TR66

내 가방을 맡아 줘요.　　　　　　私のカバンを預かってください。
아이스크림을 사 줘요.　　　　　　アイスクリームを買ってください。
우리 아이와 같이 놀아 줘요.　　　うちの子と一緒に遊んでください。

※　用言＋「-어 줘요」

여섯시에 깨워 줘요.　　　　　　　6時に起こしてください。
시계는 내일까지 고쳐 줘요.　　　　時計は明日までに直してください。
결과는 나중에 알려 줘요.　　　　　結果は後で知らせてください。

※　用言＋「-여 줘요」

깨끗이 정리해 줘요.　　　　　きれいに整理してください。
부인에게 안부 전해 줘요.　　 奥様によろしくお伝えください。
국립박물관을 안내해 줘요.　　国立博物館を案内してください。

5 体言＋「**이요?**」

여권이요?　　　　　　　　　パスポートですか？
내일이요?　　　　　　　　　明日ですか？
감기약이요?　　　　　　　　風邪薬ですか？

※　体言＋「요?」

어제요?　　　　　　　　　　昨日ですか？
숙제요?　　　　　　　　　　宿題ですか？
전화요?　　　　　　　　　　電話ですか？

신랑 각시랍니다.

【練習 1】

1. _____(으)려고 해요.

　　보기 : 커피를 마시다　→　커피를 마시려고 해요.

　　1) 장난감을 만들다　　　　　　2) 그림엽서를 보내다

　　3) 숙제를 하다　　　　　　　　4) 택시를 타다

　　5) 책을 읽다　　　　　　　　　6) 친구와 놀다

　　7) 부모님과 식사하다　　　　　8) 과장님과 술을 마시다

2. 가 : 내일 무엇을 하려고 해요?
　　나 : _____(으)려고 해요.

　　보기 : 등산을 가다.

　　　　　→ 가 : 내일 무엇을 하려고 해요?

　　　　　　　나 : 등산을 가려고 해요.

　　1) 음악학원에 다니다　　　　　2) 친구를 만나다

　　3) 독서를 하다　　　　　　　　4) 집에서 쉬다

　　5) 기타를 배우다　　　　　　　6) 선물을 사다

　　7) 시장에 가다　　　　　　　　8) 음악을 듣다

3. 가 : _____(에)은/는 무엇을 할 생각이에요?
　　나 : _____은/는 _____(으)ㄹ 생각이에요

　　보기 : 내일 / 도서관에 가다

　　　　　→ 가 : 내일은 무엇을 할 생각이에요?

　　　　　　　나 : 도서관에 갈 생각이에요.

　　1) 내년 / 미국에 유학가다　　　2) 내일 / 체육관에 가다

　　3) 방학중 / 판소리를 배우다　　4) 주말 / 졸업선물을 사다

　　5) 모레 / 레포트를 쓰다　　　　6) 일요일 / 전람회에 가다

　　7) 추석 / 성묘를 하다　　　　　8) 설날 / 고향에 돌아가다

4. _____(이)요?

보기 : 도서관 → 도서관이요?

1) 숙제　　　　　　　　　　2) 오토바이

3) 방학　　　　　　　　　　4) 합격

5) 변호사　　　　　　　　　6) 미술관

7) 수박　　　　　　　　　　8) 만년필

【練習２】　　TR67

1. 反復（뭘 하려고 해요? : 何をしようと思いますか？）

　　1) 방학에 뭘 하려고 해요?

　　　　외국어를 배우려고 해요.

　　2) 연휴에 뭘 하려고 해요?

　　　　집에서 쉬려고 해요.

　　3) 주말에 뭘 하려고 해요?

　　　　친구를 만나려고 해요.

2. 反復（할 생각이에요 : するつもりです。）

　　1) 방학에 뭘 하려고 해요?

　　　　외국어를 배울 생각이에요.

　　2) 연휴에 뭘 하려고 해요?

　　　　집에서 쉴 생각이에요.

　　3) 주말에 뭘 하려고 해요?

　　　　친구를 만날 생각이에요.

【新出単語】

그림엽서 : 絵葉書	과장님 : 課長	독서 : 読書	기타 : ギーター
유학가다 : 留学する	체육관 : 体育館	판소리 : パンソリ	
졸업 : 卒業	전람회 : 展覧会	오토바이 : オートバイ	합격 : 合格
변호사 : 弁護士	수박 : スイカ	만년필 : 万年筆	

第19課 어디에 계십니까?

이미영 : 스즈키씨, 가족이 어떻게 돼요?

스즈키 : 저는 부모님과 형, 누나가 있고

삼형제의 막내예요.

이미영 : 부모님은 어디에 계십니까?

스즈키 : 부모님은 일본에 계시지만,

형과 누나는 미국에 있어요.

이미영 : 가족들과 전화는 자주 해요?

스즈키 : 부모님께서 자주 하세요.

이미영 : 부모님은 연세가 어떻게 되세요?

스즈키 : 아버지가 올해 육십세입니다.

イミョン : 鈴木さん、ご家族は何人ですか。
　鈴木　 : 私は両親と、兄と姉がいて、三人兄弟の末っ子です。
イミョン : ご両親はどちらにいらっしゃいますか。
　鈴木　 : 両親は日本にいますが、兄と姉はアメリカにいます。
イミョン : 家族たちと電話はよくしますか？
　鈴木　 : 両親の方からよくされます。
イミョン : ご両親はおいくつですか。
　鈴木　 : 父は今年６０歳です。

누나 : 姉、お姉さん　　　형제 : 兄弟　　　막내 : 末っ子　　　께서 : －が

연세 : お年　　　-시 : おーになる、－（ら）れる

-세요? : おーになりますか?、－（ら）れますか?　　　아버지 : 父、お父さん

세 : - 歳

어디서 : どこで　　　-으시 : おーになる、－（ら）れる

-으세요? : おーになりますか?、－（ら）れますか?　　　묵다 : 泊まる

매년 : 毎年　　　건강진단 : 健康診断　　　-십니다 : おーになります、－（ら）れます

-으십니다 : おーになります、－（ら）れます　　　꽃다발 : 花束

이세요? : －ですか?　　　몇 : 何、幾　　　몇 시 : 何時　　　출발 : 出発

연구소 : 研究所　　　직원 : 職員　　　직업 : 職業　　　이십니다 : －です

회장님 : 会長　　　저희 : 私たち　　　멋쟁이 : モッチェンイ、お洒落な人

진지 : お食事、ご飯　　　성함 : お名前　　　말씀 : お話　　　분 : 方

말씀하시다 : おっしゃる　　　드시다 : 召し上がる　　　죽다 : 死ぬ

돌아가시다 : 亡くなる

【ポイント】

1 用言＋「-세요?」　　TR69

어디서 만나세요?	どこでお会いになりますか?
오늘은 바쁘세요?	今日はお忙しいですか。
어머니가 요리를 하세요?	お母さんが料理をなさいますか?

※ 用言＋「-으세요?」

지금 시간이 있으세요?	今お時間ございますか?
어느 호텔에 묵으세요?	どこのホテルにお泊りですか?
매년 건강진단을 받으세요?	毎年健康診断をお受けですか?

2 用言＋「-십니다」

사장님이 출장을 가십니다.	社長が出張に出かけられます。
아버지는 신문을 보십니다.	お父さんは新聞を読まれます。
할머니가 눈물을 흘리십니다.	おばあさんが涙を流されます。

※ 用言＋「-으십니다」

엄마가 손을 씻으십니다.	お母さんが手を洗われます。
손님이 의자에 앉으십니다.	お客さんが椅子に座られます。
선생님이 꽃다발을 받으십니다.	先生が花束を受け取られます。

3 体言＋「이세요?」

몇 시 출발이세요?　　　　　何時のご出発ですか？

연구소 직원이세요?　　　　　研究所の職員でいらっしゃいますか？

직업은 변호사이세요?　　　　職業は弁護士ですか？

4 体言＋「이십니다」　　TR70

회장님의 말씀이십니다.　　　会長のお言葉です。

저희 회사의 사장님이십니다.　わが社の社長でいらっしゃいます。

선생님은 정말 멋쟁이이십니다.　先生は本当におしゃれです。

5 特殊敬語

　1. 体言

집	→	댁	나이	→	연세
밥	→	진지	이름	→	성함
말	→	말씀	사람	→	분

집이 어디예요?　　　　　　　家はどこですか？

　댁이 어디세요?　　　　　　　　お宅はどちらですか？

나이가 몇 살이에요?　　　　　年はいくつですか？

　연세가 어떻게 되세요?　　　　　お年はおいくつですか？

이름이 뭐예요?　　　　　　　名前は何ですか？

　성함이 어떻게 되세요?　　　　　お名前はなんとおっしゃいますか？

　2. 用言

있다	→	계시다	자다	→	주무시다
말하다	→	말씀하시다	먹다	→	드시다, 잡수시다
죽다	→	돌아가시다			

아이들은 자요.　　　　　　　子どもたちは寝ています。

　할아버지는 주무세요.　　　　　おじいさんは寝ておられます。

밥은 먹었어요?　　　　　　　ご飯は食べましたか？

　진지는 잡수셨어요?　　　　　　お食事はなさいましたか？

그 개는 삼년 전에 죽었어요.　その犬は3年前に死にました。

　할머니는 삼년 전에 돌아가셨어요.

　　　　　　　　　　　　おばあさんは3年前に亡くなりました。

115

【練習 1 】

1. 가 : _____을/를 _____(으)세요?

   나 : _____을/를 _____아요/어요/여요.

   보기 : 전화 / 하다

      → 가 : 전화를 하세요?

        나 : 전화를 해요.

   1) 강아지 / 좋아하다   2) 일기 / 쓰다

   3) 자료 / 찾다   4) 카드 / 보내다

   5) 친구 / 기다리다   6) 여행 / 떠나다

   7) 단어 / 외우다   8) 우표 / 모으다

2. 가 : _____에서 _____을/를 _____십니까?

   나 : 네, _____에서 _____을/를 _____고 있어요.

   보기 : 캐나다 / 유학 / 하다

      → 가 : 캐나다에서 유학을 하십니까?

        나 : 네, 캐나다에서 유학을 하고 있어요.

   1) 도서관 / 레포트 / 쓰다   2) 은행 / 일 / 하다

   3) 노래방 / 노래 / 부르다   4) 공원 / 친구 / 만나다

   5) 학교 / 논문 / 지도하다   6) 운동장 / 공 / 차다

   7) 시골 / 야채 / 기르다   8) 역 앞 / 구두 / 닦다

3. 연결해 봅시다.

   1) 댁은 ·   · 누구십니까?

   2) 연세가 ·   · 어떻게 되세요?

   3) 저 분은 ·   · 잡수셨어요?

   4) 진지는 ·   · 어디세요?

4. _____지만 _____아요/어요/여요.

　　보기 : **휴일이다 / 학교에 가다**

　　　　→ **휴일이지만 학교에 가요.**

　　1) 바쁘다 / 파티에 가다　　　　　2) 비가 오다 / 운동을 계속하다

　　3) 일본사람이다 / 한국말을 잘하다　4) 한국음식은 맵다 / 맛있다

　　5) 토요일이다 / 수업이 있다　　　6) 키가 작다 / 농구를 잘하다

　　7) 감기가 심하다 / 병원에 안 가다　8) 머리가 아프다 / 공부하다

5. _____았지만/었지만/였지만 _____았어요/었어요/였어요.

　　보기 : **휴일이다 / 학교에 가다**

　　　　→ **휴일이었지만 학교에 갔어요.**

　　1) 한국영화를 보다 / 잘 모르다

　　2) 친구를 기다리다 / 오지 않다

　　3) 편지를 쓰다 / 답장이 안 오다

　　4) 날씨가 흐리다 / 빨래를 하다

　　5) 열심히 공부하다 / 시험에 떨어지다

　　6) 전에는 알다 / 지금은 잊어버리다

　　7) 어제는 남다 / 오늘은 모자라다

　　8) 어제 술을 마시다 / 일찍 일어나다

저희 할아버지세요.

┌───┐
【新出単語】

카드 : カード　　　모으다 : 集める　　　지도하다 : 指導する　　　운동장 : 運動場

공 : ボール　　　차다 : 蹴る　　　야채 : 野菜　　　계속하다 : 続ける

심하다 : ひどい、激しい　　　흐리다 : 曇る　　　떨어지다 : 落ちる

잊어버리다 : 忘れる　　　모자라다 : 足りない　　　일어나다 : 起きる
└───┘

第20課 버스나 지하철을 타고 가요. TR71

스즈키 : 인사동에 가려고 해요.

　　　　어떻게 가면 돼요?

이미영 : 버스나 지하철을 타고 가요.

스즈키 : 어느 쪽이 더 나아요?.

이미영 : 지하철이 버스보다 더 낫지요.

　　　　버스는 아마 막힐 거예요.

스즈키 : 몇 호선 타고 가요?

이미영 : 이호선을 타고 시청에서 일호선으로

　　　　갈아타요. 요금은 구백 원이에요.

　　鈴木　　：　仁寺洞に行こうと思います。
　　　　　　　どうやって行ったらいいですか?
イミヨン　：　バスか地下鉄に乗って行きます。
　　鈴木　　：　どちらがいいですか?
イミヨン　：　地下鉄の方がバスよりいいですよ。
　　　　　　　バスはたぶん渋滞するでしょう。
　　鈴木　　：　何号線に乗ればいいですか?
イミヨン　：　2号線に乗って、市庁で1号線に乗り換えます。
　　　　　　　料金は900ウォンです。

【新出単語】

-고 가요 : －ていきます　　쪽 : 方　　낫다 : いい、優れている

아마 : たぶん　　막히다 : 渋滞する　　-ㄹ 거예요 : －でしょう（推測）

호선 : 号線　　이호선 : ２号線　　일호선 : １号線　　-으로 : －に

갈아타다 : 乗り換える　　요금 : 料金　　구백 : 九百

짓다 : 立てる、炊く　　붓다 : 注ぐ　　타다 : 焦げる　　젓다 : 混ぜる

며칠 : 何日、何日か　　-고 와요 : －てきます　　메다 : 担ぐ、持つ

놀라다 : 驚く　　-을 거예요 : －でしょう（推測）　　좁다 : 狭い

깨닫다 : 悟る、気付く　　-ㄹ 거예요 : －ます（意志）　　장사 : 商売

그만두다 : やめる　　태연하다 : 平然とする　　-을 거예요 : －ます（意志）

믿다 : 信じる　　골인 : ゴールイン　　끊다 : 切る　　언젠가 : いつか

땅 : 土　　밟다 : 踏む　　전자메일 : 電子メール　　중요하다 : 重要だ

돌아오다 : 帰る　　이력서 : 履歴書

【ポイント】

1　「ㅅ」不規則用言　　TR72

	原型	-아요/어요	-아서/어서	-(으)면
規則	씻다	씻어요	씻어요	씻으면
	벗다	벗어요	벗어서	벗으면
	웃다	웃어요	웃어서	웃으면
不規則	낫다	나아요	나아서	나으면
	짓다	지어요	지어서	지으면
	붓다	부어요	부어서	부으면

타지 않게 잘 저으세요.　　　　焦げないようによく混ぜてください。

며칠 쉬면 감기는 나아요.　　　何日か休めば風邪は治ります。

내년에는 새 집을 지어요.　　　来年は新しい家を建てます。

2　用言＋「-고 가요/-고 와요」

우산을 가지고 와요.　　　　傘をもってきます。

엄마와 손을 잡고 가요.　　　母と手をつないでいきます。

학교에는 가방을 메고 가요.　　学校にはランドセルを持っていきます。

※　用言＋「-고 있어요」

무슨 일을 하고 있어요?　　　どんな仕事をしていますか？

이번에는 호텔에 묵고 있어요.　　今回はホテルで泊まっています。

부모님은 나고야에 살고 있어요.　　両親は名古屋に住んでいます。

3 用言＋「-ㄹ 거예요」

세 시면 끝날 거예요.　　　　　　３時なら終わるでしょう。
내년에는 물가가 오를 거예요.　　来年は物価が上がるでしょう。
이 이야기를 들으면 놀랄 거예요.　この話を聞くと驚くでしょう。

※　用言＋「-을 거예요」

그렇게 어렵지 않을 거예요.　　　それほど難しくないでしょう。
다섯 명이면 방이 좁을 거예요.　　五人なら部屋が狭いでしょう。
시간이 지나면 깨달을 거예요.　　時間が過ぎれば気付くでしょう。

※　用言＋「-ㄹ 거예요」

장사를 그만둘 거예요.　　　　　商売をやめます。
앞으로 열심히 할 거예요.　　　　これから頑張ってやります。
어떤 말을 들어도 태연할 거예요.　どんな話を聞いても平然とします。

※　用言＋「-을 거예요」

그 사람 말을 믿을 거예요.　　　その人の言葉を信じます。
골인의 테이프를 끊을 거예요.　　ゴールインのテープを切ります。
언젠가는 고향땅을 밟을 거예요.　いつかは故郷に帰ります。

4 体言＋「보다」　　　　TR73

오늘은 어제보다 따뜻해요.　　　今日は昨日より暖かいです。
전자메일이 편지보다 빨라요.　　電子メールが手紙より早いです。
시간이 돈보다 더 중요하지요.　　時間がお金より大事です。

5 用言＋「-면 돼요?」

무엇이든지 열심히 하면 돼요?　　何でも頑張ってやればいいですか？
몇 시까지 돌아오면 돼요?　　　何時まで帰ったらいいですか？
이력서는 어떻게 쓰면 돼요?　　履歴書はどう書けばいいですか？

※　用言＋「-으면 돼요」

구두를 닦으면 돼요?　　　　　靴を磨けばいいですか？
장갑을 벗으면 돼요?　　　　　手袋を脱げばいいですか？
책만 읽으면 안돼요?　　　　　本だけを読んでいてはだめですか？

【練習 1】

1. ＿＿＿＿＿을/를 (이/가) ＿＿＿＿＿아요/어요/여요.

　보기 : 손 / 씻다 → 손을 씻어요.
　　　　 병 / 낫다 → 병이 나아요.

　1) 간장 / 붓다　　　　　　2) 국물 / 젓다

　3) 속옷 / 벗다　　　　　　4) 선 / 긋다

　5) 매듭 / 잇다　　　　　　6) 밥 / 짓다

　7) 관객 / 웃다　　　　　　8) 손발 / 붓다

2. ＿＿＿＿＿을/를 ＿＿＿＿＿고 가요.

　보기 : 기차 / 타다 → 기차를 타고 가요.

　1) 코트 / 입다　　　　　　2) 모자 / 쓰다

　3) 도시락 / 가지다　　　　4) 짐 / 들다

　5) 카트 / 밀다　　　　　　6) 자전거 / 끌다

　7) 아이 / 업다　　　　　　8) 강아지 / 안다

3. 가 : 어느 쪽이 더 ＿＿＿＿＿아요/어요/여요?

　나 : ＿＿＿＿＿이/가 ＿＿＿＿＿보다 더 ＿＿＿＿＿지요.

　보기 : 빠르다 / 지하철 / 버스
　　　 → 가 : 어느 쪽이 더 빨라요?
　　　　　 나 : 지하철이 버스보다 더 빠르지요.

　1) 싸다 / 시장 / 백화점　　2) 높다 / 후지산 / 지리산

　3) 무섭다 / 엄마 / 아빠　　4) 잘하다 / 친구 / 나

　5) 곱다 / 빨강 / 노랑　　　6) 깊다 / 바다 / 연못

　7) 부드럽다 / 케이크 / 쿠키　　8) 편하다 / 기차 / 버스

4. _____이/가 _____(으)ㄹ 거예요.

　　　보기 : 지하철 / 빠르다　→　지하철이 빠를 거예요.

　　1) 시간 / 늦다　　　　　　　2) 사람 / 많다

　　3) 겨울 / 춥다　　　　　　　4) 면접 / 어렵다

　　5) 언니 / 같이 가다　　　　　6) 의사 / 잘 해 주다

　　7) 회사 / 망하다　　　　　　8) 이모 / 결혼하다

5. 가 : _____(으)ㄹ 때 어떻게 하면 돼요?.

　　나 : _____(으)면 돼요.

　　　보기 : 길이 막히다 / 지하철을 타다

　　　　→ 가 : 길이 막힐 때 어떻게 하면 돼요?

　　　　　　나 : 지하철을 타면 돼요.

　　1) 돈이 없다 / 아르바이트를 하다

　　2) 전화번호를 모르다 / 114에 물어보다

　　3) 부품이 모자라다 / 서비스센터에 가져가다

　　4) 머리가 아프다 / 약을 먹다

　　5) 짐이 무겁다 / 같이 들다

　　6) 마음이 외롭다 / 친구에게 전화하다

　　7) 일이 바쁘다 / 도우미를 부르다

　　8) 방이 더럽다 / 청소기를 돌리다

【新出単語】

병 : 病気　　　낫다 : 治る　　　간장 : 醤油　　　국물 : お汁、だし
속옷 : 下着　　　선 : 線　　　긋다 : 引く　　　매듭 : 結び目　　　잇다 : 結ぶ
관객 : 観客　　　손발 : 手足　　　붓다 : 腫れる　　　기차 : 汽車
가지다 : 持つ　　　카트 : カート　　　밀다 : 押す　　끌다 : 引く
업다 : 背負う、おぶう　　　후지산 : 富士山　　　지리산 : チリサン（智異山）
곱다 : きれいだ、美しい　　　빨강 : 赤　　　노랑 : 黄色　　　깊다 : 深い
연못 : 池　　　부드럽다 : 柔らかい　　　쿠키 : お菓子、クッキー
편하다 : 楽だ　　　면접 : 面接　　　망하다 : 滅びる、つぶれる
114 : イルイルサ（電話番号案内センター）　　　부품 : 部品
서비스센터 : サービスセンター　　　가져가다 : 持って行く、移す　　　무겁다 : 重い
외롭다 : 寂しい　　　도우미 : お手伝いさん　　　청소기 : 掃除機
청소기를 돌리다 : 掃除機をかける

지난 수요일부터 그랬어요. TR74

의사　　：증상이 어때요?

스즈키　：기침이 심하고 열이 있어요.

의사　　：언제부터 그랬어요?

스즈키　：지난 수요일부터 그랬어요.

의사　　：그래요. 먼저 진찰부터 해 봅시다.

스즈키　：참, 어제는 토하기도 했어요.

의사　　：요즘 유행하는 감기군요.

　　　　　약을 드릴테니까 먹고 푹 쉬세요.

스즈키　：금방 나을까요?

의사　　：이삼일이면 괜찮아질 거예요.

医者　：どんな症状ですか?
　鈴木　：咳がひどくて熱があります。
　医者　：いつからそうですか?
　鈴木　：前の水曜日からです。
　医者　：そうですか。まず診察をしてみましょう。
　鈴木　：あ、昨日は嘔吐もしました。
　医者　：最近はやりの風邪ですね。
　　　　　薬を出しますから飲んでくすっり休んでください。
　鈴木　：すぐ治るでしょうか?
　医者　：2，3日でよくなるでしょう。

【新出単語】

지난 : 過ぎた、前の　　증상 : 症状　　기침 : 咳　　열 : 熱
참 : そういえば、あ、あっ、そうだ　　토하다 : 吐く　　-군요 : ーですね
-ㄹ 테니까 : ーから　　금방 : すぐに　　-아 지다 : ーくなる

낳다 : 生む　　까맣다 : 黒い　　이렇다 : こうだ　　입술 : 唇
파랗다 : 青い　　신청 : 申請　　방법 : 方法　　찾아오다 : 訪ねてくる
저금 : 貯金　　한테서 : ーから　　양말 : 靴下　　세탁기 : 洗濯機
밤을 새다 : 徹夜をする　　끝내다 : 終わらせる　　필요하다 : 必要だ
미리 : 先に　　마치다 : 終える　　-을 테니까 : ーから　　곧 : すぐ
사이즈 : サイズ　　같다 : 同じだ　　재떨이 : 灰皿　　치우다 : 片付ける
-이군요 : ーですね　　고달프다 : ひどい　　인생 : 人生　　벌써 : もう
무식하다 : 無知だ　　힘 : 力　　천하장사 : 世にまれな力持ち　　꾀꼬리 : 鶯
바르다 : 正しい　　허약하다 : 弱い、衰弱だ　　-는군요 : ーですね、ーですね
하루하루 : 毎日　　즐기다 : 楽しむ　　여성 : 女性　　피하다 : 避ける
-아져요 : ーくなります　　성적 : 成績　　오래 : 長く、久しく　　짜다 : 塩辛い
칭찬 : 賞賛、ほめること　　칭찬을 받다 : ほめられる　　표정 : 表情
-어져요 : ーくなります　　날 : 日　　동지 : 冬至　　해 : 日　　길다 : 長い
-여져요 : ーくなります　　친하다 : 親しい

【ポイント】

1　「ㅎ」不規則用言　　🔘 TR75

	原型	-아요/어요	-아서/어서	-(으)면
規則	좋다	좋아요	좋아서	좋으면
	낳다	낳아요	낳아서	낳으면
	넣다	넣어요	넣어서	넣으면
不規則	까맣다	까매요	까매서	까마면
	이렇다	이래요	이래서	이러면
	어떻다	어때요	어때서	어떠면

추워서 입술이 파래요.　　　　　寒くて唇が青いです。
머리 색깔이 정말 까매요.　　　　髪の毛の色が本当に黒いです。
비자 신청방법은 이래요.　　　　ビザの申請方法はこうです。

주사는 싫어요!

124

2 用言＋「-ㄴ」 （動詞連体形：過去）

구운 밤이 맛있어요.　　　　　焼いた栗がおいしいです。
내가 그린 그림이에요.　　　　私が描いた絵です。
찾아온 사람이 많았어요.　　　訪ねてきた人が多かったです。

※　用言＋「-은」

남은 돈은 저금을 해요.　　　　　余ったお金は貯金します。
친구한테서 들은 이야기예요.　　友達から聞いた話です。
벗은 양말은 세탁기에 넣으세요.　脱いだ靴下は洗濯機に入れてください。

3 用言＋「-ㄹ 테니까」

밤을 새면 힘들 테니까 여기서 끝냅시다
　　　　　　徹夜をしたら大変だろうから、ここまでにしましょう。
자료가 필요할 테니까 미리 준비해 둡시다.
　　　　　　資料が必要だろうから、あらかじめ用意しておきましょう。
내일까지는 마칠 테니까 조금 더 시간을 주세요.
　　　　　　明日までは終えますから、もう少し時間をください。

※　用言＋「-을 테니까」

곧 씻을 테니까 물을 받아주세요.
　　　　　　　　　すぐ洗うからお湯を入れてください。
사이즈는 같을 테니까 색깔만 정합시다.
　　　　　　　　　サイズは一緒だろうから色だけ決めましょう。
담배를 끊을 테니까 재떨이는 치우세요.
　　　　　　　　　タバコをやめるから灰皿を片付けてください。

4 体言＋「이군요」　　　TR76

고달픈 인생이군요.　　　　　つらい人生ですね。
벌써 떠날 시간이군요.　　　　もう出発する時間ですね。
그 사람은 참 무식한 사람이군요.　その人は本当に無知な人ですね。

※　아름다운 공주군요.　　　　きれいなプリンセスですね。
　　힘이 천하장사군요.　　　　大変な力持ちですね。
　　꾀꼬리같은 목소리군요.　　鶯のような声ですね。

125

5 用言（形容詞）＋「-군요」

집이 많군요.   荷物が多いですね。
생각이 바르군요.   考え方が正しいですね。
몸이 허약하군요.   体が虚弱ですね。

※ 用言（動詞）＋「-는군요」

하루하루를 즐기시는군요.   毎日を楽しんでおられますね。
여성들이 나를 피하는군요.   女性たちが私を避けますね。
자식을 너무 생각하는군요.   我が子に対する思いが強いですね。

6 用言＋「-아져요」

공부하면 성적이 좋아져요.   勉強すると成績がよくなります。
오래 끓이면 음식이 짜져요.   煮すぎると料理が塩辛くなります。
칭찬을 받으면 표정이 밝아져요.   ほめられると表情が明るくなります。

※ 用言＋「-어져요」

웃으면 젊어져요.   笑えば若くなります。
날이 어두워져요.   日が暗くなります。
동지가 지나면 해가 길어져요.   冬至が過ぎると日が長くなります。

※ 用言＋「-여져요」

거리가 깨끗해져요.   町がきれいになります。
만날 수록 친해져요.   会えば会うほど親しくなります。
운동을 하면 날씬해져요.   運動をすればやせます。

열이 많이 나요!! 너무 아파요!!

126

【練習1】

1. _____ㄴ _____이/가 _____아요/어요/여요.

　　보기 : 노랗다 / 머리 / 유행하다

　　　　→ 노란 머리가 유행해요.

　　1) 까맣다 / 장갑 / 잘 팔리다　　2) 하얗다 / 치마 / 예쁘다

　　3) 파랗다 / 하늘 / 드높다　　　　4) 뿌옇다 / 안개 / 잘 끼다

　　5) 이렇다 / 소문 / 있다　　　　　6) 저렇다 / 배우 / 멋있다

　　7) 그렇다 / 표현 / 잘 쓰이다　　8) 어떻다 / 선생님 / 찾다

2. _____ㄴ/은 _____이/가_____았어요/었어요/였어요.

　　보기 : 어제 보다 / 드라마 / 재미있다

　　　　→ 어제 본 드라마가 재미있었어요.

　　1) 엄마가 만들다 / 요리 / 그립다

　　2) 갓 굽다 / 빵 / 맛있다

　　3) 일년 전에 사다 / 컴퓨터 / 고장나다

　　4) 방금 지나가다 / 사람 / 가르켜 주다

　　5) 찢어지다 / 바지 / 창피하다

　　6) 작년에 짓다 / 집 / 무너지다

　　7) 어깨에 메다 / 짐 / 생각보다 무겁다

　　8) 들려오다 / 음악 소리 / 너무 크다

3. _____르테니까 _____세요.

　　보기 : 약을 드리다 / 푹 쉬다

　　　　→ 약을 드릴테니까 푹 쉬세요.

　　1) 눈이 많이 내리다 / 미리 대비하다　2) 월급이 나오다 / 그때까지 참다

　　3) 연말은 바쁘다 / 새해에 연락주다　4) 먼저 시작하다 / 천천히 오다

　　5) 먼저 자다 / 문단속하다　　　　　6) 이름을 부르다 / 기다리다

　　7) 음식이 남다 / 가져가다　　　　　8) 잊어버리다 / 메모를 하다

4. _____군요/는군요.

보기 : 음식이 맛있다 → 음식이 맛있군요.

한국말을 잘하다 → 한국말을 잘하는군요.

1) 집이 멀다　　　　　　　　2) 날씨가 춥다

3) 김치가 짜다　　　　　　　4) 손이 차다

5) 매주 골프를 치다　　　　　6) 해외여행을 자주 가다

7) 옆 집에 살다　　　　　　　8) 한국에 대해 잘 알다

5. 가 : _____은/는 어떨까요?.

나 : _____아/어/여질 거예요.

보기 : 병 / 점점 괜찮다

→ 가 : 병은 어떨까요?

나 : 점점 괜찮아질 거예요.

1) 날씨 / 점점 따뜻하다　　　2) 유학생활 / 곧 익숙하다

3) 일 / 앞으로 쉽다　　　　　4) 가격 / 좀더 싸다

5) 맛 / 지금보다 싱겁다　　　6) 몸 / 차차 건강하다

7) 피부 / 훨씬 곱다　　　　　8) 경기 / 많이 낫다

【新出単語】

노랗다 : 黄色い　　하얗다 : 白い　　드높다 : 非常に高い

뿌옇다 : かすんでいる　　안개 : 霧　　끼다 : かかる（霧が）

저렇다 : ああだ　　멋있다 : 格好いい　　표현 : 表現　　쓰이다 : 使われる

그립다 : 懐かしい　　갓 : たった今　　방금 : 今、たった今

지나가다 : 通り過ぎる　　찢어지다 : 破れる　　창피하다 : 恥ずかしい

무너지다 : 倒れる、崩れる　　어깨 : 肩　　생각보다 : 思ったより

들려오다 : 聞こえる　　내리다 : 降る　　대비하다 : 備える

참다 : 我慢する　　연말 : 年末　　새해 : 新年　　연락주다 : 連絡をくれる

문단속하다 : 戸締りをする　　메모 : メモ　　멀다 : 遠い　　차다 : 冷たい

매주 : 毎週　　옆 집 : 隣の家　　점점 : だんだん、ますます

익숙하다 : 慣れる　　쉽다 : 易しい　　싱겁다 : 薄い

차차 : だんだん、しだいに　　피부 : 皮膚　　훨씬 : もっと、さらに

경기 : 景気

김민수 : 처음 보는 가방인데?

스즈키 : 이 까만 가방? 응. 새로 산 거야.

　　　　오늘 처음 들고 왔어.

김민수 : 그래, 디자인도 좋은데.

　　　　어디에서 샀어?

스즈키 : 동대문시장에서 샀어.

김민수 : 그래, 그 가방 얼마야?

스즈키 : 이만오천원 줬어.

김민수 : 정말, 싸다. 나도 사고 싶어.

キムミンス : はじめて見るカバンだね。
　　鈴木　 : この黒いカバン？うん、新しく買ったものだよ。
　　　　　　今日はじめて持って来たんだ。
キムミンス : そう。デザインもいいね。どこで買った？
　　鈴木　 : 東大門市場で買ったよ。
キムミンス : そのカバンいくら？
　　鈴木　 : 二万五千ウォン払ったよ。
キムミンス : ほんと、安い。ぼくも買いたい。

【新出単語】

얼마 : いくら　　　-야? : ーなの?、ーか　　　-인데? : ーだね?、なの?

새로 : 新たに、新しく　　　거 : もの、こと (것の縮約形)　　　-야 : だ、か

-았어 : ーたの　　　그래 : そう　　　-은데 : ねえ、なあ　　　-았어? : ーたの?

동대문시장 : 東大門市場　　　주다 : 払う、支払う　　　-었어 : ーたの

-어 : ーだ、ーか

그게 : それが　　　-ㄴ데? : ーだね?、なの?　　　민수 : ミンス (人の名前)

-ㄴ데 : ねえ、なあ　　　마르다 : 渇く　　　-이야 : ーだ、ーか　　　여동생 : 妹

쌍둥이 : 双子　　　저게 : あれが　　　초보 : 初歩、初心者　　　마크 : マーク

이게 : これが　　　-아 : ーだ、ーか　　　맞다 : 正しい、合う　　　-여 : ーだ、ーか

넌 : あなたは　　　단순하다 : 単純だ　　　복잡하다 : 複雑だ　　　한눈에 : 一目で

반하다 : ほれる　　　성탄카드 : クリスマスカード　　　과로 : 過労　　　잃다 : 失う

-아! : ーて　　　화가 나다 : 腹が立つ　　　손잡이 : つり革　　　꽉 : しっかり

-어! : ーて　　　안전벨트 : シートベルト　　　매다 : 締める　　　-여! : ーて

먼지 : 埃、塵

【ポイント】

1　体言＋「인데?」　　　🔊 TR78

시험은 며칠인데?　　　　　　　　試験は何日なの?

그게 무슨 꽃인데?　　　　　　　　それ、何という花なの?

여기 누구 집인데?　　　　　　　　ここ、誰の家なの?

※　体言＋「ㄴ데?」

몇 시 비행긴데?　　　　　　　　　何時の飛行機なの?

민수 생일이 언젠데?　　　　　　　ミンスの誕生日はいつなの?

그 책 이름이 뭔데?　　　　　　　　その本、タイトルは何なの?

2　用言 (形容詞)＋「-ㄴ데」

예쁜데 어디에서 샀어?　　　　　　かわいいね、どこで買った?

목이 마른데 물이 없네.　　　　　　喉が渇いたがお水がないね。

내일은 좀 바쁜데 어떻게 하지?　　明日はちょっと忙しいけどどうする?

※　用言 (形容詞)＋「-은데」

매운데 맛있네.　　　　　　　　　　辛いが美味しいね。

날씨가 좋은데 산보 갈까?　　　　　天気がいいね、散歩に行く?

나도 먹고 싶은데, 아직 남았어?　　私も食べたいけど、まだ残っている?

130

3 体言＋「이야」

내 여동생이야.	私の妹だよ。
다음주부터 시험이야.	来週から試験だよ。
우리 약속은 내일이야.	私たちの約束は明日だよ。

※　体言＋「야」

그 친구는 쌍둥이야.	その人は双子だよ。
저게 초보운전 마크야.	あれが初心者マークだよ。
이게 내 주소하고 전화번호야.	これが私の住所と電話番号だよ。

4 用言＋「-아」　　TR79

나는 잠이 많아.	私はよく寝る。
그건 너무 비싸.	それは高すぎる。
너의 말이 맞아.	あなたの言うことが正しい。

※　用言＋「-어」

매일 아침 신문을 읽어.	毎朝、新聞を読んでいる。
오후에는 홍차를 마셔.	午後には紅茶を飲む。
그쪽이 더 마음에 들어.	その方がもっといい。

※　用言＋「-여」

넌 늘 생각이 단순해.	あなたはいつも単純だよ。
문제가 복잡하고 심각해.	問題が複雑で深刻だ。
일주일에 한 번은 운동을 해.	一週間に一回は運動をする。

※　用言＋「-았어/-었어/-였어」

한눈에 반했어.	一目ぼれした。
성탄카드를 받았어.	クリスマースのカードをもらった。
과로로 건강을 잃었어.	過労で健康を失った。

이 가방 멋지지!!

5 用言＋「-아!」(相手に対して)

지각해, 빨리 와!	遅刻するよ、早く来て。
화가 나도 네가 참아!	腹は立ってもあなたが我慢して。
버스에서는 손잡이를 꽉 잡아!	バスではつり革をしかっり握って。

※　用言＋「-어!」

책은 도서관에서 빌려!	本は図書館で借りて。
차안에서는 안전벨트를 매!	車の中ではシートベルトを締めて。
기침하지 말고 담배를 끊어!	咳ばかりせず、タバコをやめて。

※　用言＋「-여!」

빨리 시작해!	早く始めて。
떠들지 말고 좀 조용히 해!	やかましくせず、ちょっと静かにして。
먼지 하나 없이 깨끗이 청소해!	塵ひとつないようにきれいに掃除して。

애들아 놀러가자!!

좋아, 어디로 갈까?

【練習 1】

1. _____고 _____아/어/여.

   보기 : 멀다 / 불편하다 → 멀고 불편해.

   1) 싸다 / 좋다　　　　　　　　2) 복잡하다 / 심각하다

   3) 맵다 / 짜다　　　　　　　　4) 착하다 / 순수하다

   5) 아담하다 / 깨끗하다　　　　6) 부드럽다 / 신선하다

   7) 차갑다 / 매정하다　　　　　8) 예쁘다 / 사랑스럽다

2. 가 : _____은/는 어때?
   나 : _____아/어/여.

   보기 : 결혼생활 / 행복하다

   　　→ 가 : 결혼생활은 어때?
   　　　　나 : 행복해.

   1) 학교수업 / 힘들다　　　　　2) 동대문시장 / 물건이 많다

   3) 고속전철 / 편리하다　　　　4) 한국 친구들 / 친절하다

   5) 아파트 / 쾌적하다　　　　　6) 성격 / 상냥하다

   7) 약혼자 / 평범하다　　　　　8) 사이 / 서로 친하다

3. 가 : _____은/는 _____(이)야?
   나 : _____(이)야.

   보기 : 출발 / 언제 / 금요일

   　　→ 가 : 출발은 언제야?
   　　　　나 : 금요일이야.

   1) 이것 / 뭐 / 토마토쥬스　　　2) 이것 / 누구 가방 / 스즈키씨 가방

   3) 약속시간 / 몇 시 / 내일 3 시　4) 이 셔츠 / 얼마 / 5,000 원

   5) 이것 / 무슨 음악 / 러시아 음악　6) 집합장소 / 어디 / 서울 역 앞

   7) 인솔자 / 누구 / 교장선생님　　8) 오늘 / 며칠 / 7 월 3 일

4. _____(으)ㄴ데 _____아/어/여.

　　보기 : 가격이 싸다 / 질이 좋다

　　　　→ 가격이 싼데 질이 좋아.

　　1) 음식이 맵다 / 맛있다　　　　2) 일이 복잡하다 / 잘 풀리다

　　3) 나이가 어리다 / 아는 것이 많다　4) 성격이 밝다 / 잘 운다

　　5) 머리가 좋다 / 노력을 안 하다　6) 능력은 뛰어나다 / 돈이 없다

　　7) 얼굴은 예쁘다 / 마음이 차갑다　8) 버리기는 아깝다 / 쓸데가 없다

5. _____는데 _____아/어/여.

　　보기 : 약을 먹다 / 안 낫다

　　　　→ 약을 먹는데 안 나아.

　　1) 공부는 하다 / 성적이 안 오르다　2) 이름은 알다 / 얼굴은 모르다

　　3) 음식은 맛있다 / 식욕이 없다　　4) 못하다 / 열심히 하다

　　5) 보기는 좋다 / 안 어울리다　　6) 소식을 기다리다 / 연락이 없다

　　7) 피하다 / 자꾸 따라오다　　　　8) 화가 나다 / 참고 있다

【新出単語】

불편하다 : 不便だ	착하다 : 正しい、おとなしい	순수하다 : 純粋だ
아담하다 : こぢんまりとする	차갑다 : 冷たい	매정하다 : 冷酷だ
사랑스럽다 : 愛しい、かわいい	결혼생활 : 結婚生活	
행복하다 : 幸せだ、幸福だ	편리하다 : 便利だ	아파트 : アパート
쾌적하다 : 快適だ	약혼자 : 婚約者	평범하다 : 平凡だ、普通だ
토마토쥬스 : トマトジュース	셔츠 : シャツ	러시아음악 : ロシア音楽
집합 : 集合	인솔자 : 引率者	교장 : 校長　풀리다 : 解ける
어리다 : 幼い	노력 : 努力　능력 : 能力	뛰어나다 : 優れる
아깝다 : もったいない	쓸데없다 : 無用だ、役に立たない、要らない	
식욕 : 食欲	보기 : 見かけ　어울리다 : 似合う	

134

単 語 索 引

가 : －が ･･････････････････････ 18
가 아닙니다 : －ではありません ･････ 20
가게 : 店 ････････････････････ 76
가격 : 価格、値段 ･･････････････ 72
가구 : 家具 ･･････････････････ 105
가끔 : 時々、時たま ･･･････････ 62
가다 : 行く ･･････････････････ 13
가르치다 : 教える ･･････････････ 50
가만히 : じっと、静かに ･･･････････ 88
가방 : カバン ････････････････ 44
가수 : 歌手 ･･･････････････････ 66
가운데 : 中 ･･･････････････････ 49
가을 : 秋 ････････････････････ 70
가장 : 一番 ･･････････････････ 90
가정 : 家庭 ･･････････････････ 21
가정주부 : 専業主婦 ･･････････ 21
가져가다 : 持って行く、移す ･･･････ 122
가족 : 家族 ･･････････････････ 21
가지다 : 持つ ････････････････ 121
간 : 間 ･････････････････････ 63
간식 : 間食、おやつ ･･･････････ 50
간장 : 醤油 ･･････････････････ 121
간호사 : 看護士 ･･････････････ 60
갈비탕 : カルビタン ･･･････････ 106
갈아입다 : 着替える ･･･････････ 88
갈아타다 : 乗り換える ･･･････････ 118
감 : 柿 ････････････････････ 102
감기 : 風邪 ･･････････････････ 79
감기약 : 風邪薬 ･･････････････ 79
감다 : (髪を)洗う ･･･････････････ 98
감독님 : 監督 ････････････････ 60
감사하다 : 感謝だ、ありがたい ･･･････ 13
감자 : ジャガイモ ･･･････････････ 22
값 : 値段 ････････････････････ 93
갓 : たった今 ････････････････ 127
강물 : 川の水 ････････････････ 65
강아지 : 子犬 ････････････････ 55
강의실 : 講義室 ･･････････････ 76
같다 : 同じだ ･･･････････････ 125
같이 : 一緒に ････････････････ 28
개 : 犬 ･････････････････････ 23
개 : 一個 ･･･････････････････ 54
개강 : 開講 ･･････････････････ 30
개월 : 一ヶ月 ････････････････ 101
거 : もの、こと (것の縮約形) ･･･････ 129
거기 : そこ ･･････････････････ 19
거닐다 : ぶらつく、散歩する ･･･････ 105
거리 : 街、通り、街道 ･･･････････ 18
거짓말 : うそ ････････････････ 88

거짓말하다 : 嘘つく ･･････････ 74
건강 : 健康 ･･････････････････ 21
건강진단 : 健康診断 ･･･････････ 114
건강하다 : 健康だ、元気だ ･･････ 14
건물 : 建物 ･･････････････････ 24
걷다 : 歩く ･･････････････････ 41
걸다 : かける ････････････････ 43
걸리다 : かかる ･･････････････ 41
걸어가다 : 歩いていく ･･････････ 85
겁 : 臆病 ･･･････････････････ 66
것 : もの、こと、の ･･････････････ 47
게임 : ゲーム ････････････････ 65
-겠 : 推測･意思･可能
　　　 謙譲を表わす ･･････････ 13
-겠네요 : －でしょう ･･････････ 57
겨울 : 冬 ････････････････････ 58
견학 : 見学 ･･････････････････ 92
결과 : 結果 ･･････････････････ 60
결혼생활 : 結婚生活 ･･････････ 133
결혼하다 : 結婚する ･･････････ 66
경관 : 景観、景色 ････････････ 24
경기 : 景気 ･･････････････････ 128
경치 : 景色、風景 ････････････ 24
계단 : 階段 ･･････････････････ 50
계속 : 継続、続けて ･･･････････ 60
계속하다 : 続ける ･･････････････ 117
계시다 : おられる、いらっしゃる ･･････ 13
-고 : －し ･･･････････････････ 24
-고 가요 : －ていきます ･･･････ 118
-고 생각하다 : －と思う ･･･････ 68
-고 싶다 : －たい ･･･････････ 30
-고 와요 : －てきます ･･･････ 119
-고 하는 : －という ････････････ 73
고구마 : サツマイモ ･･･････････ 22
고기 : 肉 ････････････････････ 56
고달프다 : ひどい ････････････ 125
고맙다 : ありがたい ･･････････ 13
고모 : おば (父の姉妹) ･･･････････ 95
고생 : 苦労 ･･････････････････ 57
고생이 많다 : 苦労が多い、大変だ ･････ 57
고생하다 : 苦労する ･･････････ 38
고속버스 : 高速バス ･･････････ 98
고속열차(KTX) : 韓国の高速列車 ･･ 63
고양이 : 猫 ･･････････････････ 15
고장 : 故障 ･･････････････････ 109
고장나다 : 故障する ･･････････ 109
고치다 : 直す、治す ･･････････ 65
고프다 : (お腹が) 空いた ･･･････ 73
고향 : 故郷 ･･････････････････ 67

곧 : すぐ ･････････････････ 125
골인 : ゴールイン ････････････ 120
골프 : ゴルフ ･･･････････････ 71
곱다 : きれいだ、美しい ･･･････ 121
공 : ボール ･･･････････････ 116
공부 : 勉強 ･･･････････････ 14
공부하다 : 勉強する ･･･････････ 29
공원 : 公園 ･･･････････････ 71
공주 : 姫さま、プリンセス ･･････ 65
공중전화 : 公衆電話 ･･･････････ 50
공항 : 空港 ･･･････････････ 45
과 : －と ･･･････････････ 24
과로 : 過労 ･･･････････････ 131
과일 : 果物 ･･････････････ 39
과자 : お菓子 ･･･････････････ 16
과장님 : 課長 ･･･････････････ 111
관광 : 観光 ･･･････････････ 65
관광하다 : 観光する ･･･････････ 45
관객 : 観客 ･･････････････ 121
괜찮다 : 大丈夫だ ･･･････････ 65
교과서 : テキスト ･････････････ 46
교무과 : 教務課 ･･･････････ 109
교수님 : 教授 ･･･････････････ 60
교장 : 校長 ･･････････････ 133
교토 : 京都 ･･････････････ 45
구 : 九 ･･･････････････ 31
구경 : 見物 ･･････････････ 40
구두 : 靴 ･･･････････････ 50
구름 : 雲 ･･･････････････ 66
구백 : 九百 ･･････････････ 118
구십 : 九十 ･･････････････ 31
구하다 : 探す、求める ･･･････････ 96
국립박물관 : 国立博物館 ･･･････ 110
국물 : お汁、だし ･･･････････ 121
국밥 : クッパ ･･････････････ 20
국회 : 国会 ･･････････････ 96
-군요 : －ですね ･･･････････ 123
굽다 : 焼く ･･････････････ 71
권 : －冊 ･･･････････････ 54
귀 : 耳 ･･･････････････ 16
그 : その ･･･････････････ 19
그것 : それ ･･････････････ 18
그게 : それが ･･････････････ 130
그날 : その日 ･････････････ 30
그때 : その時 ･････････････ 30
그래 : そう ･･････････････ 129
그래도 : それでも、でも ･･･････ 52
그러니까 : だから ･･･････････ 30
그러면 : それなら ･･･････････ 36
그런데 : ところで ･･･････････ 41

그럼 : それでは ･･･････････ 68
그렇게 : そう、そのように ･･････ 19
그렇다 : そうだ ･･･････････ 18
그리고 : そして ･･･････････ 24
그리다 : 描く ･････････････ 55
그림 : 絵 ･･･････････････ 55
그림엽서 : 絵葉書 ･･･････････ 111
그립다 : 懐かしい ･･･････････ 127
그만두다 : やめる ･･･････････ 120
그쪽 : そちら、そっち ･･･････ 19
극장 : 劇場、映画館 ･･･････････ 38
근무하다 : 勤務する、働く ･････ 33
근사하다 : 格好いい、すばらしい ･･ 24
근처 : 近所 ･･････････････ 76
글쎄 : はて、さあ、さて ･･･････ 18
금년 : 今年 ･･････････････ 37
금방 : すぐに ･･･････････ 123
금요일 : 金曜日 ･･･････････ 32
금주 : 今週 ･･････････････ 37
긋다 : 引く ･････････････ 121
-기 전에 : －前に ･･･････････ 84
기다리다 : 待つ ･･･････････ 28
기르다 : 飼う、育てる ･･･････ 104
기모노 : 着物 ･････････････ 64
기분 : 気分、気持ち ･･･････････ 65
기쁘다 : 嬉しい ･･･････････ 77
기사 : 記事 ･･････････････ 82
기숙사 : 寮 ･･････････････ 83
기술 : 技術 ･･････････････ 76
기시멘 : きし麺 ･･･････････ 71
기차 : 汽車 ･･････････････ 121
기침 : 咳 ･･･････････････ 123
기타 : ギター ･････････････ 111
긴장하다 : 緊張する ･･･････････ 63
길 : 道 ･･･････････････ 43
길다 : 長い ･････････････ 126
김밥 : のりまき ･･･････････ 39
김치 : キムチ ･････････････ 16
김치찌개 : キムチチゲ ･･･････ 103
깊다 : 深い ･････････････ 121
까맣다 : 黒い ･････････････ 124
까지 : －まで ･････････････ 30
깎다 : 剥く ･････････････ 102
깎다 : 削る、切る ･･･････････ 77
깜짝파티
　: サプライジーングパーティー ･･ 105
깨끗이 : きれいに ･･･････････ 70
깨끗하다 : 清潔だ、きれいだ ･････ 24
깨닫다 : 悟る、気付く ･･･････ 120
깨우다 : 起こす ･･･････････ 109

껌 : ガム ･･････････････ 76
137

께서 : ―が ・・・・・・・・・・・・・・・・・・ 113
꽉 : しっかり ・・・・・・・・・・・・・・・・ 132
꽃 : 花 ・・・・・・・・・・・・・・・・・・・・ 15
꽃놀이 : 花見 ・・・・・・・・・・・・・・・・ 65
꽃다발 : 花束 ・・・・・・・・・・・・・・・・ 114
꾀꼬리 : 鶯 ・・・・・・・・・・・・・・・・・ 125
꾸중 : お叱り ・・・・・・・・・・・・・・・・ 104
꾸중을 듣다 : 叱られる ・・・・・・・・・・・ 104
끄다 : （電気/火などを）切る、消す
・・・・・・・・・・・・・・・・・・・・・・ 49
끊다 : 辞める ・・・・・・・・・・・・・・・・ 103
끊다 : 切る ・・・・・・・・・・・・・・・・・ 120
끌다 : 引く ・・・・・・・・・・・・・・・・・ 121
끓이다 : 沸かす ・・・・・・・・・・・・・・・ 108
끝 : 終わり ・・・・・・・・・・・・・・・・・ 35
끝나다 : 終る ・・・・・・・・・・・・・・・・ 64
끝내다 : 終わらせる ・・・・・・・・・・・・・ 125
끼 : ―食 ・・・・・・・・・・・・・・・・・・ 54
끼다 : かかる（霧が） ・・・・・・・・・・・・ 127

- ㄴ -
-ㄴ 적이 없어요
　: ―したことがありません ・・・・・・・・・ 104
-ㄴ 적이 없어요?
　: ―したことがありませんか? ・・・・・・・・ 101
-ㄴ 적이 있어요
　: ―したことがあります ・・・・・・・・・・ 104
-ㄴ데 : ねえ、なあ ・・・・・・・・・・・・・ 130
-ㄴ데? : ―だね?、なの? ・・・・・・・・・ 130
나 : ―や、―か ・・・・・・・・・・・・・・ 90
나 : 私、僕、おれ ・・・・・・・・・・・・・ 65
나고야 : 名古屋 ・・・・・・・・・・・・・・ 49
나다 : 出る、起きる、
　　　（時間が）ある ・・・・・・・・・・・・ 63
나머지 : 残り ・・・・・・・・・・・・・・・ 85
나쁘다 : 悪い ・・・・・・・・・・・・・・・ 46
나오다 : 出る ・・・・・・・・・・・・・・・ 49
나이 : 年、年齢 ・・・・・・・・・・・・・・ 72
나중에 : 後で ・・・・・・・・・・・・・・・ 109
낚시하다 : 釣る ・・・・・・・・・・・・・・ 100
날 : 日 ・・・・・・・・・・・・・・・・・・ 126
날씨 : 天気 ・・・・・・・・・・・・・・・・ 26
날씬하다 : 痩せている、スマートだ
・・・・・・・・・・・・・・・・・・・・・・ 49
남녀 : 男女 ・・・・・・・・・・・・・・・・ 66
남다 : 残る ・・・・・・・・・・・・・・・・ 90
남동생 : 弟 ・・・・・・・・・・・・・・・・ 92

남산타워 : 南山タワー ・・・・・・・・・・・ 80
남자 : 男、男子 ・・・・・・・・・・・・・・ 19
남자 친구 : 彼氏 ・・・・・・・・・・・・・・ 71
남편 : 夫、主人 ・・・・・・・・・・・・・・ 109
낫다 : いい、優れている ・・・・・・・・・・ 118
낫다 : 治る ・・・・・・・・・・・・・・・・ 121
낮다 : 低い ・・・・・・・・・・・・・・・・ 46
낮잠 : 昼寝 ・・・・・・・・・・・・・・・・ 33
낳다 : 生む ・・・・・・・・・・・・・・・・ 124
내 : 私、私の ・・・・・・・・・・・・・・・ 87
내 : 内 ・・・・・・・・・・・・・・・・・・ 49
내년 : 来年 ・・・・・・・・・・・・・・・・ 37
내다 : 出す ・・・・・・・・・・・・・・・・ 106
내려가다 : 降りる ・・・・・・・・・・・・・ 49
내리다 : 降る ・・・・・・・・・・・・・・・ 127
내일 : 明日 ・・・・・・・・・・・・・・・・ 22
내주 : 来週 ・・・・・・・・・・・・・・・・ 37
냄새 : におい ・・・・・・・・・・・・・・・ 102
냉면 : 冷麺 ・・・・・・・・・・・・・・・・ 14
냉면집 : 冷麺屋 ・・・・・・・・・・・・・・ 73
냉장고 : 冷蔵庫 ・・・・・・・・・・・・・・ 50
너 : あなた ・・・・・・・・・・・・・・・・ 87
넌 : あなたは ・・・・・・・・・・・・・・・ 131
넓다 : 広い ・・・・・・・・・・・・・・・・ 24
넣다 : 入れる ・・・・・・・・・・・・・・・ 80
네 : あなた ・・・・・・・・・・・・・・・・ 87
네 : はい ・・・・・・・・・・・・・・・・・ 12
네 : よっつ ・・・・・・・・・・・・・・・・ 54
-네요 : ―ですね、―ますね ・・・・・・・・ 30
넷 : 四つ ・・・・・・・・・・・・・・・・・ 53
노랑 : 黄色 ・・・・・・・・・・・・・・・・ 121
노랗다 : 黄色い ・・・・・・・・・・・・・・ 127
노래 : 歌 ・・・・・・・・・・・・・・・・・ 49
노래방 : カラオケ ・・・・・・・・・・・・・ 104
노력 : 努力 ・・・・・・・・・・・・・・・・ 134
노무라 : 野村 ・・・・・・・・・・・・・・・ 23
노크 : ノック ・・・・・・・・・・・・・・・ 89
노트 : ノート ・・・・・・・・・・・・・・・ 27
논문 : 論文 ・・・・・・・・・・・・・・・・ 60
놀다 : 遊ぶ ・・・・・・・・・・・・・・・・ 28
놀라다 : 驚く ・・・・・・・・・・・・・・・ 120
농구 : バスケットボール ・・・・・・・・・・ 92
농담 : 冗談 ・・・・・・・・・・・・・・・・ 107
높다 : 高い ・・・・・・・・・・・・・・・・ 45
놓다 : 置く ・・・・・・・・・・・・・・・・ 98
누구 : 誰 ・・・・・・・・・・・・・・・・・ 75
누나 : 姉、お姉さん ・・・・・・・・・・・・ 113
눈 : 雪 ・・・・・・・・・・・・・・・・・・ 64
눈 : 目 ・・・・・・・・・・・・・・・・・・ 16
눈물 : 涙 ・・・・・・・・・・・・・・・・・ 70

뉴스 : ニュース ・・・・・・・・・・・・・・・・・・ 62
는 : −は ・・・・・・・・・・・・・・・・・・・・・・・・ 12
-는군요 : −ですね、−ですね ・・・・・・ 126
-는데 : −（です）が ・・・・・・・・・・・・・・ 57
-는요? : −は？ ・・・・・・・・・・・・・・・・・・ 96
늘 : いつも ・・・・・・・・・・・・・・・・・・・・・・ 28
능력 : 能力 ・・・・・・・・・・・・・・・・・・・・・・ 134
늦다 : 遅い、遅れる ・・・・・・・・・・・・・・ 71
늦잠을 자다 : 朝寝坊をする ・・・・・・・ 105
님 : 様 ・・・・・・・・・・・・・・・・・・・・・・・・・・ 59

- ㄷ -

다 : みんな、全て、全部 ・・・・・・・・・・ 70
다 되다 : 終わる ・・・・・・・・・・・・・・・・ 96
다 하다 : 終える、尽くす ・・・・・・・・・ 109
다니다 : 通う ・・・・・・・・・・・・・・・・・・・・ 43
다다음달 : 再来月 ・・・・・・・・・・・・・・・・ 37
다다음주 : 再来週 ・・・・・・・・・・・・・・・・ 37
다다음해 : 再来年 ・・・・・・・・・・・・・・・・ 37
다르다 : 違う、異なる ・・・・・・・・・・・・ 44
다섯 : 五つ ・・・・・・・・・・・・・・・・・・・・・・ 53
다시 : また、再び ・・・・・・・・・・・・・・・・ 69
다음 : 次 ・・・・・・・・・・・・・・・・・・・・・・・・ 30
다음달 : 来月 ・・・・・・・・・・・・・・・・・・・・ 37
다음에 : 今度、次に ・・・・・・・・・・・・・・ 107
다음주 : 来週 ・・・・・・・・・・・・・・・・・・・・ 36
다음해 : 来年 ・・・・・・・・・・・・・・・・・・・・ 37
다행이다 : 幸運だ、幸いだ、良い ・・・・・ 57
닦다 : 磨く ・・・・・・・・・・・・・・・・・・・・・・ 82
단순하다 : 単純だ ・・・・・・・・・・・・・・・・ 131
단어 : 単語 ・・・・・・・・・・・・・・・・・・・・・・ 79
단풍 : もみじ ・・・・・・・・・・・・・・・・・・・・ 71
단풍구경 : 紅葉狩り ・・・・・・・・・・・・・・ 98
닫다 : 閉める ・・・・・・・・・・・・・・・・・・・・ 43
달걀 : 卵 ・・・・・・・・・・・・・・・・・・・・・・・・ 108
달다 : 甘い ・・・・・・・・・・・・・・・・・・・・・・ 46
달러 : ドル ・・・・・・・・・・・・・・・・・・・・・・ 108
닭갈비 : ダッカルビ ・・・・・・・・・・・・・・ 34
담그다 : つける ・・・・・・・・・・・・・・・・・・ 88
담배 : タバコ ・・・・・・・・・・・・・・・・・・・・ 76
답답하다 : もどかしい ・・・・・・・・・・・・ 43
답장 : 返事 ・・・・・・・・・・・・・・・・・・・・・・ 85
당근 : 人参 ・・・・・・・・・・・・・・・・・・・・・・ 22
대 : −台 ・・・・・・・・・・・・・・・・・・・・・・・・ 54
대단히 : 大いに ・・・・・・・・・・・・・・・・・・ 22
대비하다 : 備える ・・・・・・・・・・・・・・・・ 127
대학교 : 大学 ・・・・・・・・・・・・・・・・・・・・ 30
댁 : お宅 ・・・・・・・・・・・・・・・・・・・・・・・・ 84
더 : もっと、更に、より ・・・・・・・・・・ 47

더 이상 : これ以上 ・・・・・・・・・・・・・・・・ 58
더럽다 : 汚い ・・・・・・・・・・・・・・・・・・・・ 46
덕분에 : おかげで ・・・・・・・・・・・・・・・・ 57
덥다 : 暑い ・・・・・・・・・・・・・・・・・・・・・・ 65
도 : −も ・・・・・・・・・・・・・・・・・・・・・・・・ 24
도구 : 道具 ・・・・・・・・・・・・・・・・・・・・・・ 34
도서관 : 図書館 ・・・・・・・・・・・・・・・・・・ 39
도시락 : お弁当 ・・・・・・・・・・・・・・・・・・ 94
도우미 : お手伝いさん ・・・・・・・・・・・・ 122
도착하다 : 着く、到着する ・・・・・・・・・ 80
도쿄 : 東京 ・・・・・・・・・・・・・・・・・・・・・・ 26
독서 : 読書 ・・・・・・・・・・・・・・・・・・・・・・ 111
돈 : お金 ・・・・・・・・・・・・・・・・・・・・・・・・ 43
돌아가다 : 曲がる、帰る ・・・・・・・・・・ 49
돌아가시다 : 亡くなる ・・・・・・・・・・・・ 115
돌아보다 : 回ってみる ・・・・・・・・・・・・ 30
돌아오다 : 帰る ・・・・・・・・・・・・・・・・・・ 120
돕다 : 手伝う ・・・・・・・・・・・・・・・・・・・・ 58
동대문시장 : 東大門市場 ・・・・・・・・・・ 129
동료 : 同僚 ・・・・・・・・・・・・・・・・・・・・・・ 60
동물 : 動物 ・・・・・・・・・・・・・・・・・・・・・・ 15
동물원 : 動物園 ・・・・・・・・・・・・・・・・・・ 39
동아리 : サークル ・・・・・・・・・・・・・・・・ 40
동지 : 冬至 ・・・・・・・・・・・・・・・・・・・・・・ 126
되다 : なる ・・・・・・・・・・・・・・・・・・・・・・ 62
두 : 二つ ・・・・・・・・・・・・・・・・・・・・・・・・ 54
두 번 : 二回 ・・・・・・・・・・・・・・・・・・・・・・ 22
두껍다 : 厚い ・・・・・・・・・・・・・・・・・・・・ 72
두부 : 豆腐 ・・・・・・・・・・・・・・・・・・・・・・ 39
둘 : 二つ ・・・・・・・・・・・・・・・・・・・・・・・・ 53
둘(두) : 2 ・・・・・・・・・・・・・・・・・・・・・・・・ 43
뒤 : 後ろ、裏 ・・・・・・・・・・・・・・・・・・・・ 49
드높다 : 非常に高い ・・・・・・・・・・・・・・ 127
드라마 : ドラマ ・・・・・・・・・・・・・・・・・・ 62
드라이브 : ドライブ ・・・・・・・・・・・・・・ 94
드리다 : 差し上げる
　　　　（주다の謙譲語）・・・・・・・・・・・・ 68
드시다 : 召し上がる ・・・・・・・・・・・・・・ 115
든지 : −でも ・・・・・・・・・・・・・・・・・・・・ 73
듣다 : 聞く ・・・・・・・・・・・・・・・・・・・・・・ 43
들 : −達、−ら ・・・・・・・・・・・・・・・・・・ 57
들다 : （お金が）かかる ・・・・・・・・・・ 61
들다 : あげる ・・・・・・・・・・・・・・・・・・・・ 102
들다 : 持つ ・・・・・・・・・・・・・・・・・・・・・・ 95
들다 : 入る ・・・・・・・・・・・・・・・・・・・・・・ 47
들려오다 : 聞こえる ・・・・・・・・・・・・・・ 127
들어가다 : 入っていく ・・・・・・・・・・・・ 89
들어오다 : 入る ・・・・・・・・・・・・・・・・・・ 49
들어주다 : 聞いてやる、聞き入れる
　　・・・・・・・・・・・・・・・・・・・・・・・・・・・・・・ 103

139

등산 : 登山 · 83
디자인 : デザイン · · · · · · · · · · · · · · · · 47
디카 (디지털 카메라)
　: デジタルカメラ · · · · · · · · · · · · · 38
따다 : 取る、摘む · · · · · · · · · · · · · · · 89
따뜻하다 : 暖かい · · · · · · · · · · · · · · · 72
따라오다 : 付いてくる、追ってくる
· 134
땅 : 土 · 120
때 : 時 · 85
때문에 : ―のせいで · · · · · · · · · · · · · 36
떠나다 : 発つ · · · · · · · · · · · · · · · · · 105
떠들다 : 騒ぐ · · · · · · · · · · · · · · · · · · 76
떨어지다 : 落ちる · · · · · · · · · · · · · · 117
또 : また · 14
뛰어나다 : 優れる · · · · · · · · · · · · · · 134
뜨개질 : 編み物 · · · · · · · · · · · · · · · · 55

- ㄹ -

-ㄹ 거예요 : ―でしょう（推測）· · · · · · · · 118
-ㄹ 거예요 : ―ます（意志）· · · · · · · 120
-ㄹ 것 같다 : ―のようだ、―そうだ
· 70
-ㄹ 때 : ―するとき · · · · · · · · · · · · 90
-ㄹ 때 : ―の時 · · · · · · · · · · · · · · · 63
-ㄹ 생각이에요 : ―するつもりです
· 107
-ㄹ 수 없어요
　: ―することができません · · · · · · · 103
-ㄹ 수 있어요
　: ―することができます · · · · · · · · 103
-ㄹ 수 있어요?
　: ―することができますか? · · · · · · 101
-ㄹ게요 : ―しますね · · · · · · · · · · · 68
-ㄹ까요? : ―ましょうか? · · · · · · · · 68
-ㄹ까요? : ―ましょうか?、
　　　　　―でしょうか? · · · · · · · · 98
-ㄹ래요 : ―ます · · · · · · · · · · · · · · · 97
-ㄹ래요? : ―ますか? · · · · · · · · · · · 96
-ㄹ수록 : ―ほど、―方が · · · · · · · · · 70
-ㄹ테니까 : から · · · · · · · · · · · · · · · 123
라고 합니다 : ―といいます · · · · · · · 12
-라는 것이 : ―というものが · · · · · · 36
라도 : ―でも · · · · · · · · · · · · · · · · · · 98
라디오 : ラジオ · · · · · · · · · · · · · · · · 99
라면 : ラーメン · · · · · · · · · · · · · · · · 91
랑 : ―と · 90
러 : ―に · 98
러시아음악 : ロシア音楽 · · · · · · · · · 133

럭비 : ラグビー · · · · · · · · · · · · · · · 105
레스토랑 : レストラン · · · · · · · · · · · 76
레포트 : レポート · · · · · · · · · · · · · · 80
-려고 하다 : ―しようとする · · · · · · 107
-려고 해요 : ―しようとします · · · · · 107
-로 : ―に · 75
롯데월드 : ロッテワールド · · · · · · · · 71
를 : ―を · 33

- ㅁ -

마디 : ―言 · 56
마루 : 床、板の間 · · · · · · · · · · · · · · · 99
마르다 : 渇く · · · · · · · · · · · · · · · · · 130
마리 : ―匹 · 55
마시다 : 飲む · · · · · · · · · · · · · · · · · · 26
마음 : 心 · 47
마음껏 : 心行くまで、思い切り、
　　　　思う存分 · · · · · · · · · · · · · · · 82
마음에 들다 : 気に入る · · · · · · · · · · · 47
마지막 : おわり、最後 · · · · · · · · · · · · 74
마치다 : 終える · · · · · · · · · · · · · · · 125
마크 : マーク · · · · · · · · · · · · · · · · · 131
마흔 : 四十 · 53
막내 : 末っ子 · · · · · · · · · · · · · · · · · 113
막히다 : 渋滞する · · · · · · · · · · · · · · 118
만 : だけ · 68
만 : 万 · 31
만나다 : 会う · · · · · · · · · · · · · · · · · · 12
만년필 : 万年筆 · · · · · · · · · · · · · · · · 112
만들다 : 作る · · · · · · · · · · · · · · · · · · 71
만화 : 漫画 · 33
많다 : 多い · 41
많이 : 多く、たくさん · · · · · · · · · · · · 14
말 : 言葉 · 43
말씀 : お話 · · · · · · · · · · · · · · · · · · · 115
말씀하시다 : おっしゃる · · · · · · · · · 115
말을 걸다 : 声をかける · · · · · · · · · · 102
말을 하다 : しゃべる · · · · · · · · · · · · 43
말하다 : 話す · · · · · · · · · · · · · · · · · · 50
맑다 : 澄む、きれいだ+B57 · · · · · · · 26
맛 : 味 · 58
맛없다 : まずい · · · · · · · · · · · · · · · · 50
맛있다 : おいしい · · · · · · · · · · · · · · 50
망하다 : 滅びる、つぶれる · · · · · · · · 122
맞다 : 正しい、合う · · · · · · · · · · · · · 131
맡다 : 預かる · · · · · · · · · · · · · · · · · 109
맡다 : 嗅ぐ · · · · · · · · · · · · · · · · · · · 102
매년 : 毎年 · · · · · · · · · · · · · · · · · · · 114
매다 : 締める · · · · · · · · · · · · · · · · · 132

매듭 ： 結び目 ···················· 121
매우 ： とても、たいへん、非常に ·········· 24
매일 ： 毎日 ······················ 43
매정하다 ： 冷酷だ ·················· 133
매주 ： 毎週 ······················ 128
맥주 ： 麦酒、ビール ················ 55
맵다 ： 辛い ······················ 57
맺다 ： 結ぶ ······················ 103
머리 ： 頭 ························ 38
머리 ： 髪の毛 ···················· 98
머무르다 ： とまる ·················· 63
먹다 ： 食べる ···················· 26
먼저 ： まず、先に ·················· 30
먼지 ： 埃、塵 ···················· 132
멀다 ： 遠い ······················ 128
멋있다 ： 格好いい ·················· 127
멋쟁이 ： モッチェンイ、
　　　　お洒落な人 ·············· 115
멋지다 ： すばらしい、格好いい ········· 21
메다 ： 担ぐ、持つ ················· 119
메모 ： メモ ······················ 127
메일 ： メール ···················· 49
며칠 ： 何日、何日か ················ 119
-면 ： ―と、―ば、―たら、―なら
　　　　······················ 64
-면서 ： ―ながら ·················· 41
면세점 ： 免税店 ··················· 71
면접 ： 面接 ······················ 122
명 ： ―名、―人 ··················· 54
명동 ： ミョンドン（明洞） ··········· 99
몇 ： 何、幾 ······················ 115
몇 시 ： 何時 ····················· 115
모레 ： あさって ··················· 37
모르다 ： わからない、知らない ········ 36
모으다 ： 集める ··················· 116
모이다 ： 集まる ··················· 66
모임 ： 集い、集まり ················ 40
모자 ： 帽子 ······················ 105
모자라다 ： 足りない ··············· 117

목 ： 首、のど ···················· 44
목소리 ： 声 ······················ 44
목요일 ： 木曜日 ··················· 32
목욕 ： お風呂 ···················· 39
목욕탕 ： お風呂、銭湯 ·············· 71
몸 ： 体 ·························· 60
몹시 ： とても、たいへん、ひどく ······· 82
못 ： ―できない（可能否定） ········· 36
못하다 ： できない、―しない ········· 52
무겁다 ： 重い ···················· 122
무너지다 ： 倒れる、崩れる ··········· 127
무섭다 ： 怖い、恐ろしい ············· 65

무슨 ： なんの ···················· 19
무식하다 ： 無知だ ················· 125
무엇 ： 何 ······················· 19
무엇인가 ： 何か ··················· 65
무척 ： 非常に、大層 ················ 82
묵다 ： 泊まる ···················· 114
문 ： 門、扉、ドア ················· 56
문단속하다 ： 戸締りをする ··········· 127
문방구 ： 文房具屋 ················· 82
문제 ： 問題 ······················ 44
문화 ： 文化 ······················ 44
문화센터 ： 文化センター ············· 107
묻다 ： 埋める ···················· 43
묻다 ： 問う、尋ねる ··············· 43
물 ： 水、お湯 ···················· 56
물가 ： 物価 ······················ 49
물건 ： もの ······················ 41
물러나다 ： 下がる ················· 49
물어보다 ： 尋ねてみる、
　　　　聞いてみる ·············· 41
뭐 ： 何 ························· 30
뭘 ： 何を（무엇을の省略） ··········· 107
미국 ： アメリカ ··················· 76
미니스커트 ： ミニスカート ··········· 63
미리 ： 先に ······················ 125
미소 ： 笑顔 ······················ 45
미소까쓰 ： みそカツ ··············· 71
미술관 ： 美術館 ··················· 92
미안하다 ： すまない ··············· 13
미용실 ： 美容室 ··················· 64
미인 ： 美人 ······················ 70
민수 ： ミンス（人の名前） ··········· 130
믿다 ： 信じる ···················· 120
밀다 ： 押す ······················ 121
밑 ： 下 ························· 49

－ ㅂ －
-ㅂ니다 ： ―です、―ます ··········· 12
-ㅂ시다 ： ―ましょう ·············· 68
바깥 ： 外 ······················· 49
바꾸다 ： 替える ··················· 108
바나나 ： バナナ ··················· 14
바늘 ： 針 ······················· 27
바다 ： 海 ······················· 76
바닷가 ： 海辺、浜 ················· 76
바르다 ： 正しい ··················· 126

바쁘다 : 忙しい・・・・・・・・・・・・・・・ 74
바지 : ズボン・・・・・・・・・・・・・・・ 71
박 : パク（朴：人の苗字）・・・・・・・・・・ 68
박물관 : 博物館・・・・・・・・・・・・・・・ 82
밖 : 外・・・・・・・・・・・・・・・・・・ 49
밖에 : ーしか・・・・・・・・・・・・・・・ 52
반 : 半・・・・・・・・・・・・・・・・・・ 54
반갑다 : 嬉しい・・・・・・・・・・・・・・ 12
반찬 : おかず・・・・・・・・・・・・・・・ 48
반하다 : ほれる・・・・・・・・・・・・・・ 131
받다 : もらう、受ける・・・・・・・・・・・ 43
발 : 足・・・・・・・・・・・・・・・・・・ 109
발레 : バレー・・・・・・・・・・・・・・・ 103
발표 : 発表・・・・・・・・・・・・・・・・ 96
밝다 : 明るい・・・・・・・・・・・・・・・ 45
밟다 : 踏む・・・・・・・・・・・・・・・・ 120
밤 : 夜・・・・・・・・・・・・・・・・・・ 74
밤을 새다 : 徹夜をする・・・・・・・・・・ 125
밥 : ご飯・・・・・・・・・・・・・・・・・ 45
방 : 部屋・・・・・・・・・・・・・・・・・ 24
방금 : 今、たった今・・・・・・・・・・・・ 127
방법 : 方法・・・・・・・・・・・・・・・・ 124
방학 : （学校の）長期休み・・・・・・・・・ 66
배 : お腹・・・・・・・・・・・・・・・・・ 66
배 : 梨・・・・・・・・・・・・・・・・・・ 22
배구 : バレーボール・・・・・・・・・・・・ 83
배용준 : ペヨンジュン・・・・・・・・・・・ 16
배우 : 俳優・・・・・・・・・・・・・・・・ 50
배우다 : 学ぶ・・・・・・・・・・・・・・・ 26
백 : 百・・・・・・・・・・・・・・・・・・ 31
백둘 : 百二・・・・・・・・・・・・・・・・ 53
백만 : 百万・・・・・・・・・・・・・・・・ 31
백이 : 百二・・・・・・・・・・・・・・・・ 31
백일 : 百一・・・・・・・・・・・・・・・・ 31
백하나 : 百一・・・・・・・・・・・・・・・ 53
백화점 : デパート、百貨店・・・・・・・・・ 76
버리다 : 捨てる・・・・・・・・・・・・・・ 76
버섯 : しいたけ、きのこ・・・・・・・・・・ 22
버스 : バス・・・・・・・・・・・・・・・・ 43
번 : ー回、ー度・・・・・・・・・・・・・・ 52
번역하다 : 翻訳する・・・・・・・・・・・・ 105
벌써 : もう・・・・・・・・・・・・・・・・ 125
범죄 : 犯罪・・・・・・・・・・・・・・・・ 45
벗다 : 脱ぐ、（手袋を）取る・・・・・・・・ 105
변호사 : 弁護士・・・・・・・・・・・・・・ 112
별로 : あまり・・・・・・・・・・・・・・・ 47
병 : 病気・・・・・・・・・・・・・・・・・ 121
병 : ー瓶・・・・・・・・・・・・・・・・・ 55
병문안 : お見舞い・・・・・・・・・・・・・ 88
병원 : 病院・・・・・・・・・・・・・・・・ 42

보기 : 見かけ・・・・・・・・・・・・・・・ 134
보내다 : 送る、過ごす・・・・・・・・・・・ 49
보다 : ーより・・・・・・・・・・・・・・・ 63
보다 : 見る・・・・・・・・・・・・・・・・ 26
보석 : 宝石・・・・・・・・・・・・・・・・ 76
보쌈김치 : ポサムキムチ・・・・・・・・・・ 59
보이다 : 見せる・・・・・・・・・・・・・・ 47
보트 : ボート・・・・・・・・・・・・・・・ 100
복 : 福・・・・・・・・・・・・・・・・・・ 70
복잡하다 : 複雑だ・・・・・・・・・・・・・ 131
볶다 : 炒める・・・・・・・・・・・・・・・ 108
봄 : 春・・・・・・・・・・・・・・・・・・ 64
봉사활동 : ボランティア・・・・・・・・・・ 88
뵙다 : お会いする、お目にかかる、
　　　 ご覧になる・・・・・・・・・・・ 13
부드럽다 : 柔らかい・・・・・・・・・・・・ 121
부르다 : 呼ぶ、（歌を）歌う・・・・・・・・ 61
부르다 : 膨らむ、いっぱいになる・・・・・・ 66
부모님 : ご両親（他人が使う時）、
　　　　 両親・父母（自分が使う時）
　　　　 ・・・・・・・・・・・・・・・ 59
부부 : 夫婦・・・・・・・・・・・・・・・・ 66
부산 : プサン（釜山：韓国の都市）・・・・・ 90
부인 : 婦人、奥さん・・・・・・・・・・・・ 110
부자 : 金持ち・・・・・・・・・・・・・・・ 64
부족하다 : 不足する、足りない・・・・・・・ 96
부지런하다 : 勤勉だ・・・・・・・・・・・・ 45
부지런히 : まめに、こまめに・・・・・・・・ 66
부츠 : ブーツ・・・・・・・・・・・・・・・ 104
부탁 : 頼み、お願い・・・・・・・・・・・・ 103
부탁하다 : 頼む、願う・・・・・・・・・・・ 12
부터 : ーから・・・・・・・・・・・・・・・ 30
부품 : 部品・・・・・・・・・・・・・・・・ 122
분 : 分・・・・・・・・・・・・・・・・・・ 41
분 : 方・・・・・・・・・・・・・・・・・・ 115
분위기 : 雰囲気・・・・・・・・・・・・・・ 52
불 : 火、電気・・・・・・・・・・・・・・・ 49
불고기 : ブルゴギ（焼肉）・・・・・・・・・ 78
불친절하다 : 不親切だ・・・・・・・・・・・ 73
불편하다 : 不便だ・・・・・・・・・・・・・ 133
붓다 : 注ぐ・・・・・・・・・・・・・・・・ 119
붓다 : 腫れる・・・・・・・・・・・・・・・ 121
브람 : ブラーム・・・・・・・・・・・・・・ 16
비 : 雨・・・・・・・・・・・・・・・・・・ 66
비디오 : ビデオ・・・・・・・・・・・・・・ 50
비빔밥 : ビビンバ・・・・・・・・・・・・・ 14
비싸다 : （価格が）高い・・・・・・・・・・ 41
비자 : ビザ・・・・・・・・・・・・・・・・ 103
비행기 : 飛行機・・・・・・・・・・・・・・ 104
빌려주다 : 貸す・・・・・・・・・・・・・・ 106

빌리다 ： 借りる、貸す‥‥‥‥‥‥‥‥ 43
빠르다 ： 速い、早い‥‥‥‥‥‥‥‥ 59
빨강 ： 赤‥‥‥‥‥‥‥‥‥‥‥‥‥ 121
빨래 ： 洗濯‥‥‥‥‥‥‥‥‥‥‥‥ 43
빨래하다 ： 洗う、洗濯する‥‥‥‥‥ 35
빨리 ： はやく‥‥‥‥‥‥‥‥‥‥‥ 70
빵 ： パン‥‥‥‥‥‥‥‥‥‥‥‥‥ 16
뽑다 ： 引く、選ぶ‥‥‥‥‥‥‥‥‥ 58
뿌옇다 ： かすんでいる‥‥‥‥‥‥‥ 127

- ㅅ -

사 ： 四‥‥‥‥‥‥‥‥‥‥‥‥‥‥ 31
사거리 ： 十字路‥‥‥‥‥‥‥‥‥‥ 76
사고 ： 事故‥‥‥‥‥‥‥‥‥‥‥‥ 88
사과 ： りんご‥‥‥‥‥‥‥‥‥‥‥ 14
사다 ： 買う‥‥‥‥‥‥‥‥‥‥‥‥ 39
사람 ： ひと‥‥‥‥‥‥‥‥‥‥‥‥ 15
사랑스럽다 ： 愛しい、かわいい‥‥‥ 133
사만 ： 四万‥‥‥‥‥‥‥‥‥‥‥‥ 34
사모님 ： 奥さま‥‥‥‥‥‥‥‥‥‥ 84
사십 ： 四十‥‥‥‥‥‥‥‥‥‥‥‥ 31
사용법 ： 使用法‥‥‥‥‥‥‥‥‥‥ 105
사용하다 ： 使用する、使う‥‥‥‥‥ 88
사이 ： 間‥‥‥‥‥‥‥‥‥‥‥‥‥ 49
사이 ： 仲、間柄‥‥‥‥‥‥‥‥‥‥ 66
사이즈 ： サイズ‥‥‥‥‥‥‥‥‥‥ 125
사인 ： サイン‥‥‥‥‥‥‥‥‥‥‥ 98
사장님 ： 社長‥‥‥‥‥‥‥‥‥‥‥ 92
사전 ： 辞典‥‥‥‥‥‥‥‥‥‥‥‥ 50
사진 ： 写真‥‥‥‥‥‥‥‥‥‥‥‥ 45
사카이 에리 ： 酒井エリ‥‥‥‥‥‥‥ 16
사회인 ： 社会人‥‥‥‥‥‥‥‥‥‥ 66
사흘 ： 三日、三日間‥‥‥‥‥‥‥‥ 88
산 ： 山‥‥‥‥‥‥‥‥‥‥‥‥‥‥ 45
산보 ： 散歩‥‥‥‥‥‥‥‥‥‥‥‥ 83
살 ： 肉‥‥‥‥‥‥‥‥‥‥‥‥‥‥ 70
살다 ： 生きる、暮らす、住む‥‥‥‥ 43
살리다 ： 生かす‥‥‥‥‥‥‥‥‥‥ 103
삶다 ： ゆでる‥‥‥‥‥‥‥‥‥‥‥ 108
삼 ： 三‥‥‥‥‥‥‥‥‥‥‥‥‥‥ 31
삼겹살 ： サンギョッサル
　　　　（韓国料理、三枚肉）‥‥‥ 83
삼계탕 ： サムゲタン‥‥‥‥‥‥‥‥ 16
삼년 ： 三年‥‥‥‥‥‥‥‥‥‥‥‥ 86
삼백 ： 三百‥‥‥‥‥‥‥‥‥‥‥‥ 31
삼십 ： 三十‥‥‥‥‥‥‥‥‥‥‥‥ 31
삼월 ： 三月‥‥‥‥‥‥‥‥‥‥‥‥ 30
삼일 ： 三日‥‥‥‥‥‥‥‥‥‥‥‥ 32
상 ： 上‥‥‥‥‥‥‥‥‥‥‥‥‥‥ 49

상가 ： 商店街‥‥‥‥‥‥‥‥‥‥‥ 41
상냥하다 ： 優しい‥‥‥‥‥‥‥‥‥ 76
상담하다 ： 相談する‥‥‥‥‥‥‥‥ 103
상품 ： 商品‥‥‥‥‥‥‥‥‥‥‥‥ 47
새 ： 新しい‥‥‥‥‥‥‥‥‥‥‥‥ 24
새로 ： 新たに、新しく‥‥‥‥‥‥‥ 129
새해 ： 新年‥‥‥‥‥‥‥‥‥‥‥‥ 127
색깔 ： 色‥‥‥‥‥‥‥‥‥‥‥‥‥ 59
색종이 ： 色紙‥‥‥‥‥‥‥‥‥‥‥ 55
샌드위치 ： サンドイッチ‥‥‥‥‥‥ 86
생각 ： 思い‥‥‥‥‥‥‥‥‥‥‥‥ 63
생각보다 ： 思ったより‥‥‥‥‥‥‥ 127
생각하다 ： 思う、考える‥‥‥‥‥‥ 102
생기다 ： できる、起きる‥‥‥‥‥‥ 65
생선 ： 魚‥‥‥‥‥‥‥‥‥‥‥‥‥ 54
생일 ： 誕生日‥‥‥‥‥‥‥‥‥‥‥ 68
생활 ： 生活‥‥‥‥‥‥‥‥‥‥‥‥ 57
샤워 ： シャワー‥‥‥‥‥‥‥‥‥‥ 39
서다 ： 立つ、止まる‥‥‥‥‥‥‥‥ 43
서두르다 ： 急ぐ、あせる‥‥‥‥‥‥ 74
서로 ： 互いに‥‥‥‥‥‥‥‥‥‥‥ 58
서른 ： 三十‥‥‥‥‥‥‥‥‥‥‥‥ 53
서비스 ： サービス‥‥‥‥‥‥‥‥‥ 77
서비스센터 ： サービスセンター‥‥‥ 122
서울 ： ソウル‥‥‥‥‥‥‥‥‥‥‥ 45
서울랜드 ： ソウルランド‥‥‥‥‥‥ 71
서울시청 ： ソウル市庁‥‥‥‥‥‥‥ 22
서점 ： 本屋‥‥‥‥‥‥‥‥‥‥‥‥ 99
선 ： 線‥‥‥‥‥‥‥‥‥‥‥‥‥‥ 121
선물 ： プレゼント‥‥‥‥‥‥‥‥‥ 42
선배 ： 先輩‥‥‥‥‥‥‥‥‥‥‥‥ 59
선배님 ： 先輩‥‥‥‥‥‥‥‥‥‥‥ 59
선생님 ： 先生‥‥‥‥‥‥‥‥‥‥‥ 34
선수 ： 選手‥‥‥‥‥‥‥‥‥‥‥‥ 65
선풍기 ： 扇風機‥‥‥‥‥‥‥‥‥‥ 100
설거지하다
　 ： （食事の）後片付けする‥‥‥‥‥‥ 35
설날 ： ソルラル（旧正月）‥‥‥‥‥ 75
설렁탕 ： ソルロンタン（牛の肉や骨、
　　　　　内蔵を煮出したスープ）‥‥‥‥‥ 38
설명 ： 説明‥‥‥‥‥‥‥‥‥‥‥‥ 49
설명하다 ： 説明する‥‥‥‥‥‥‥‥ 105
설악산 ： ソラクサン（雪嶽山）‥‥‥ 71
설탕 ： 砂糖‥‥‥‥‥‥‥‥‥‥‥‥ 80
성격 ： 性格‥‥‥‥‥‥‥‥‥‥‥‥ 65
성공하다 ： 成功する‥‥‥‥‥‥‥‥ 72
성적 ： 成績‥‥‥‥‥‥‥‥‥‥‥‥ 126
성탄카드 ： クリスマスカード‥‥‥‥ 131
성함 ： お名前‥‥‥‥‥‥‥‥‥‥‥ 115
세 ： みっつ‥‥‥‥‥‥‥‥‥‥‥‥ 54

세 ： 歳・・・・・・・・・・・・・・・・・・・・・・ 113
세 번 ： 三度、三回・・・・・・・・・・・・・・ 18
세계사 ： 世界史・・・・・・・・・・・・・・・・ 103
세미나 ： セミナー・・・・・・・・・・・・・・・ 106
세수 ： 洗面・・・・・・・・・・・・・・・・・・・・ 89
-세요 ： ーてください・・・・・・・・・・・・ 13
-세요? ： おーになりますか？、
　　　　 ー（ら）れますか？・・・・・・・・・ 113
-세요? ： ーですか？ーますか？・・・・ 12
세탁기 ： 洗濯機・・・・・・・・・・・・・・・・ 125
셋 ： 三つ・・・・・・・・・・・・・・・・・・・・・ 53
셔츠 ： シャツ・・・・・・・・・・・・・・・・・・ 133
소꿉장난 ： ままごと・・・・・・・・・・・・・ 92
소리 ： 音・・・・・・・・・・・・・・・・・・・・・ 44
소문 ： 噂・・・・・・・・・・・・・・・・・・・・・ 66
소설 ： 小説・・・・・・・・・・・・・・・・・・・ 55
소식 ： 知らせ、便り・・・・・・・・・・・・・ 109
소주 ： 焼酎・・・・・・・・・・・・・・・・・・・ 104
소파 ： ソファー・・・・・・・・・・・・・・・・ 97
소포 ： 小包・・・・・・・・・・・・・・・・・・・ 99
소풍 ： 遠足・・・・・・・・・・・・・・・・・・・ 92
속 ： 中、内・・・・・・・・・・・・・・・・・・・ 49
속옷 ： 下着・・・・・・・・・・・・・・・・・・・ 121
손 ： 手・・・・・・・・・・・・・・・・・・・・・・ 63
손님 ： お客さま・・・・・・・・・・・・・・・ 54
손발 ： 手足・・・・・・・・・・・・・・・・・・・ 121
손잡이 ： つり革・・・・・・・・・・・・・・・・ 132
손톱 ： 爪・・・・・・・・・・・・・・・・・・・・・ 76
송이 ： 一輪・・・・・・・・・・・・・・・・・・・ 55
쇼핑 ： ショッピング・・・・・・・・・・・・・ 42
쇼핑몰 ： ショーピングモール・・・・・・・ 76
수박 ： スイカ・・・・・・・・・・・・・・・・・・ 112
수업 ： 授業・・・・・・・・・・・・・・・・・・・ 30
수영 ： 水泳・・・・・・・・・・・・・・・・・・・ 56
수영장 ： プール・・・・・・・・・・・・・・・・ 62
수요일 ： 水曜日・・・・・・・・・・・・・・・・ 32
수저 ： スプーンとおはし・・・・・・・・・・ 48
수정과 ： スジョングァ・・・・・・・・・・・・ 38
수족관 ： 水族館・・・・・・・・・・・・・・・・ 39
수첩 ： 手帳・・・・・・・・・・・・・・・・・・・ 39
숙사 ： 宿舎、寮・・・・・・・・・・・・・・・・ 24
숙제 ： 宿題・・・・・・・・・・・・・・・・・・・ 25
숙제하다 ： 宿題する・・・・・・・・・・・・・ 35
순대 ： スンデ（韓国式の腸詰め）・・・・・・ 39
순두부 ： スンドゥブ（押し固めていない
　　　　 豆腐の）・・・・・・・・・・・・・・・・ 39
순수하다 ： 純粋だ・・・・・・・・・・・・・・ 133
순조롭다 ： 順調だ・・・・・・・・・・・・・・ 60
숟가락 ： さじ、スプーン・・・・・・・・・・ 65
술 ： お酒・・・・・・・・・・・・・・・・・・・・ 50

술집 ： 飲み屋、居酒屋・・・・・・・・・・・・ 52
쉬다 ： 休む・・・・・・・・・・・・・・・・・・・ 86
쉰 ： 五十・・・・・・・・・・・・・・・・・・・・ 53
쉽다 ： 易しい・・・・・・・・・・・・・・・・・ 128
슈퍼 ： スーパー・・・・・・・・・・・・・・・・ 76
슈퍼마켓 ： スーパーマーケット・・・・・・ 94
스물 ： 二十・・・・・・・・・・・・・・・・・・・ 53
스무 ： 二十・・・・・・・・・・・・・・・・・・・ 53
스즈키 ： 鈴木・・・・・・・・・・・・・・・・・・ 12
스키 ： スキー・・・・・・・・・・・・・・・・・・ 40
스키야키 ： すき焼き・・・・・・・・・・・・・・ 16
스탠드 ： 電気スタンド・・・・・・・・・・・・ 41
스토브 ： ストーブ・・・・・・・・・・・・・・・ 98
스포츠 ： スポーツ・・・・・・・・・・・・・・・ 65
슬프다 ： 悲しい・・・・・・・・・・・・・・・・ 63
-습니까? ： ーですか？・・・・・・・・・・・・ 18
-습니다 ： ーです、ーます・・・・・・・・・・ 12
-시 ： おーになる、ー（ら）れる・・・・・・ 113
시 ： ー時・・・・・・・・・・・・・・・・・・・・ 54
시간 ： 時間・・・・・・・・・・・・・・・・・・・ 43
시계 ： 時計・・・・・・・・・・・・・・・・・・・ 109
시골 ： 田舎・・・・・・・・・・・・・・・・・・・ 67
시내 ： 市内・・・・・・・・・・・・・・・・・・・ 109
시무라 켄 ： 志村ケン・・・・・・・・・・・・・ 16
시작되다 ： 始まる・・・・・・・・・・・・・・・ 30
시작하다 ： 始める・・・・・・・・・・・・・・・ 33
시장 ： 市場・・・・・・・・・・・・・・・・・・・ 91
시청 ： 市庁、市役所・・・・・・・・・・・・・・ 50
시합 ： 試合・・・・・・・・・・・・・・・・・・・ 106
시험 ： 試験・・・・・・・・・・・・・・・・・・・ 36
식 ： 式、風・・・・・・・・・・・・・・・・・・・ 39
식당 ： 食堂・・・・・・・・・・・・・・・・・・・ 71
식물 ： 植物・・・・・・・・・・・・・・・・・・・ 15
식사 ： 食事・・・・・・・・・・・・・・・・・・・ 43
식사하다 ： 食事する・・・・・・・・・・・・・ 73
식욕 ： 食欲・・・・・・・・・・・・・・・・・・・ 134
식품 ： 食品・・・・・・・・・・・・・・・・・・・ 88
식혜 ： シッケ・・・・・・・・・・・・・・・・・・ 16
신다 ： 履く・・・・・・・・・・・・・・・・・・・ 104
신문 ： 新聞・・・・・・・・・・・・・・・・・・・ 26
신발 ： 履物、靴・・・・・・・・・・・・・・・・ 39
신선하다 ： 新鮮だ・・・・・・・・・・・・・・ 72
신입생 ： 新入生・・・・・・・・・・・・・・・・ 36
신청 ： 申請・・・・・・・・・・・・・・・・・・・ 124
신촌 ： シンチョン（新村）・・・・・・・・・・ 71
싣다 ： 載せる・・・・・・・・・・・・・・・・・・ 103
실 ： 糸・・・・・・・・・・・・・・・・・・・・・・ 27
실례하다 ： 失礼する・・・・・・・・・・・・・ 13
실컷 ： 思い切り、思う存分、
　　　　 心ゆくまで・・・・・・・・・・・・・・・ 28

실패하다 ： 失敗する・・・・・・・・・・・・・ 101

싫어하다 ： 嫌いだ・・・・・・・・・・・・・・・・・・・・・ 81
심각하다 ： 深刻だ・・・・・・・・・・・・・・・・・・・・・ 45
심심하다 ： 退屈だ・・・・・・・・・・・・・・・・・・・・・ 43
심은아 ： シムウナ・・・・・・・・・・・・・・・・・・・・ 16
심하다 ： ひどい、激しい・・・・・・・・・・・・ 117
십 ： 十・・・・・・・・・・・・・・・・・・・・・・・・・・・・・ 31
십구 ： 十九・・・・・・・・・・・・・・・・・・・・・・・・・ 31
-십니까? ： ーですか？ーますか？・・・・・・・・ 13
-십니다 ： おーになります、
　　　　　ー（ら）れます・・・・・・ 114
십만 ： 十万・・・・・・・・・・・・・・・・・・・・・・・・・ 31
십사 ： 十四・・・・・・・・・・・・・・・・・・・・・・・・・ 31
십삼 ： 十三・・・・・・・・・・・・・・・・・・・・・・・・・ 31
-십시오 ： ーてください・・・・・・・・・・・・・・・ 13
십오 ： 十五・・・・・・・・・・・・・・・・・・・・・・・・・ 31
십육 ： 十六・・・・・・・・・・・・・・・・・・・・・・・・・ 31
십이 ： 十二・・・・・・・・・・・・・・・・・・・・・・・・・ 31
십일 ： 十一・・・・・・・・・・・・・・・・・・・・・・・・・ 31
십칠 ： 十七・・・・・・・・・・・・・・・・・・・・・・・・・ 31
십팔 ： 十八・・・・・・・・・・・・・・・・・・・・・・・・・ 31
싱겁다 ： 薄い・・・・・・・・・・・・・・・・・・・・・・ 128
싸게 ： 安く・・・・・・・・・・・・・・・・・・・・・・・・・ 49
싸다 ： 安い・・・・・・・・・・・・・・・・・・・・・・・・・ 41
싸우다 ： 戦う、喧嘩する・・・・・・・・・・・・・ 28
싸인 ： サイン・・・・・・・・・・・・・・・・・・・・・・・ 50
쌀 ： 米・・・・・・・・・・・・・・・・・・・・・・・・・・・・・ 22
쌍둥이 ： 双子・・・・・・・・・・・・・・・・・・・・・・ 131
쓰다 ： 苦い・・・・・・・・・・・・・・・・・・・・・・・・・ 45
쓰다 ： （眼鏡を）かける・・・・・・・・・・・・・ 93
쓰다 ： かぶる・・・・・・・・・・・・・・・・・・・・・・ 105
쓰다 ： 使う・・・・・・・・・・・・・・・・・・・・・・・・・ 38
쓰다 ： 書く・・・・・・・・・・・・・・・・・・・・・・・・・ 55
쓰레기 ： ごみ・・・・・・・・・・・・・・・・・・・・・・ 44
쓰이다 ： 使われる・・・・・・・・・・・・・・・・・・ 127
쓸데없다 ： 無用だ、役に立たない、
　　　　　要らない・・・・・・・・・・・・・ 134
씨 ： ーさん・・・・・・・・・・・・・・・・・・・・・・・・・ 12
씹다 ： 噛む・・・・・・・・・・・・・・・・・・・・・・・・・ 58
씻다 ： 洗う・・・・・・・・・・・・・・・・・・・・・・・・・ 63

- ㅇ -

아 ： ああ（感嘆詞）・・・・・・・・・・・・・・・・・ 36
-아 ： ーだ、ーか・・・・・・・・・・・・・・・・・・・ 131
-아 보고 싶어요 ： ーてみたいです
・・・・・・・・・・・・・・・・・・・・・・・・・・・・・・・・・・・ 103
-아 보다 ： ーしてみる・・・・・・・・・・・・・・・ 52
-아 봐요 ： ーてください・・・・・・・・・・・・ 102

-아 줘요 ： ーてください・・・・・・・・・・・・ 109
-아 줘요 ： ーてくれます、
　　　　　ーてあげます・・・・・・・・ 109
-아 지다 ： ーくなる・・・・・・・・・・・・・・・・ 123
-아! ： ーて・・・・・・・・・・・・・・・・・・・・・・・・ 132
아기 ： 赤ん坊、赤ちゃん・・・・・・・・・・・ 95
아깝다 ： もったいない・・・・・・・・・・・・・ 134
아니다 ： 違う、そうでない・・・・・・・・・・ 18
아니면 ： 若しくは・・・・・・・・・・・・・・・・・・ 68
아니에요 ： いいえ、ちがいます、
　　　　　そうではありません・・・・・・・・ 18
아니오 ： いいえ・・・・・・・・・・・・・・・・・・・・ 39
아담하다 ： こぢんまりとする・・・・・・・ 133
아래 ： 下・・・・・・・・・・・・・・・・・・・・・・・・・・・ 49
아르바이트 ： アルバイト・・・・・・・・・・・ 94
아름답다 ： 美しい・・・・・・・・・・・・・・・・・・ 26
아마 ： たぶん・・・・・・・・・・・・・・・・・・・・・ 118
아무거나 ： 何でも・・・・・・・・・・・・・・・・・・ 76
아버지 ： 父、お父さん・・・・・・・・・・・・・ 113
아빠 ： 父、お父さん・・・・・・・・・・・・・・・ 109
-아서 ： ーて・・・・・・・・・・・・・・・・・・・・・・・ 12
-아야죠 ： ーしなくてはならない、
　　　　　ーするべきだ・・・・・・・・・・・・・ 36
-아요 ： ーです、ーます・・・・・・・・・・・・ 24
아이 ： 子ども・・・・・・・・・・・・・・・・・・・・・ 50
아이스크림 ： アイスクリーム・・・・・・・ 109
아저씨 ： おじさん・・・・・・・・・・・・・・・・・・ 41
-아져요 ： ーくなります・・・・・・・・・・・・ 126
아주 ： とても、たいへん、非常に・・・ 58
아직 ： まだ、いまだ・・・・・・・・・・・・・・・ 24
아침 ： 朝・・・・・・・・・・・・・・・・・・・・・・・・・・ 80
아침밥 ： 朝ごはん・・・・・・・・・・・・・・・・・ 89
아파트 ： アパート・・・・・・・・・・・・・・・・・ 133
아프다 ： 痛い・・・・・・・・・・・・・・・・・・・・・・ 38
아홉 ： 九つ・・・・・・・・・・・・・・・・・・・・・・・・ 53
아흔 ： 九十・・・・・・・・・・・・・・・・・・・・・・・・ 53
안 ： ーしない、ーくない（否定）・・・ 36
안 ： 中、内・・・・・・・・・・・・・・・・・・・・・・・・ 49
안개 ： 霧・・・・・・・・・・・・・・・・・・・・・・・・・ 127
안경 ： 眼鏡・・・・・・・・・・・・・・・・・・・・・・・・ 93
안내원 ： 案内員、ガイド・・・・・・・・・・・ 109
안내하다 ： 案内する・・・・・・・・・・・・・・・ 109
안녕하다 ： 元気だ、平安だ、無事だ
・・・・・・・・・・・・・・・・・・・・・・・・・・・・・・・・・・・・ 12
안녕히 ： 元気に、無事に・・・・・・・・・・・ 13
안다 ： 抱く・・・・・・・・・・・・・・・・・・・・・・・・ 105
안되다 ： できない、いけない・・・・・・・・ 58
안부 ： 安否・・・・・・・・・・・・・・・・・・・・・・・・ 110
안전벨트 ： シートベルト・・・・・・・・・・・ 132
안전하다 ： 安全だ・・・・・・・・・・・・・・・・・・ 46

앉다 : 座る ･････････････････････････ 28
알다 : 知る、わかる ･･･････････････ 71
알렉스 : アレックス ･･･････････････ 16
알리다 : 知らせる ･････････････････ 50
알아듣다 : 聞き取る ･･･････････････ 106
압구정동 : アップクジョンドン
　　　　　（狎鴎亭洞）･･･････････ 71
-았 : ーた（過去）･･･････････････ 78
-았어 : ーたの ･･･････････････････ 129
-았어? : ーたの？ ･･･････････････ 129
앞 : 前 ･･･････････････････････････ 49
앞으로 : これから ･････････････････ 85
야 : うわ ･････････････････････････ 24
-야 : だ、か ･･･････････････････ 129
-야? : ーなの？、ーか ･･･････････ 129
야구 : 野球 ･･････････････････････ 56
야단 : 大騒ぎ、一大事 ･･･････････ 104
야단을 맞다 : 叱られる ･･･････････ 104
야유회 : ピクニック ･･･････････････ 95
야채 : 野菜 ････････････････････ 116
약 : 薬 ･･･････････････････････････ 45
약속 : 約束 ･･････････････････････ 54
약속하다 : 約束する ･･･････････････ 86
약혼자 : 婚約者 ････････････････ 133
양 : 量 ･･･････････････････････････ 76
양말 : 靴下 ･･････････････････････ 125
양식 : 洋食 ･･････････････････････ 76
양식집 : 洋食屋 ･･･････････････････ 76
양파 : たまねぎ ･･･････････････････ 22
-어 : ーだ、ーか ･･･････････････ 129
-어 보고 싶어요 : ーてみたいです ･･ 103
-어 봐요 : ーてください ･･･････････ 102
-어 주다 : ーてくれる、ーてあげる
　　　　　････････････････････ 107
-어 주세요 : ーてください ･･･････ 47
-어 줘요 : ーてください ･･･････････ 109
-어! : ーて ･･･････････････････ 132
어깨 : 肩 ･･･････････････････････ 127
어느 : どの ･･････････････････････ 19
어느것 : どれ ･････････････････････ 19
어느쪽 : どちら、どっち ･･･････････ 19
어둡다 : 暗い ･････････････････････ 46
어디 : 何処 ･･･････････････････････ 18
어디서 : どこで ････････････････ 114
어때요? : どうですか？ ･･･････････ 57
어떤 : どんな ････････････････････ 101
어떻게 : どう、どのように ･･･････････ 19
어떻다 : どうだ ･･････････････････ 57
어렵다 : 難しい ･･･････････････････ 57
어리다 : 幼い ････････････････････ 134

어머니 : お母さん、母 ･･･････････ 49
-어요 : ーです、ーます ･･･････････ 24
-어요? : ーですか？ーますか？ ･･･ 30
어울리다 : 似合う ････････････････ 134
어제 : 昨日 ･･･････････････････････ 37
-어져요 : ーくなります ･････････ 126
억 : 億 ･･･････････････････････････ 31
언니 : 姉、お姉さん ･･･････････････ 92
언제 : いつ ･･･････････････････････ 19
언제나 : いつも ･･･････････････････ 58
언젠가 : いつか ････････････････ 120
얼굴 : 顔 ･･･････････････････････ 97
얼마 : いくら ････････････････････ 129
엄마 : 母 ･･･････････････････････ 65
업다 : 背負う、おぶう ･･･････････ 121
없다 : ない、いない ･･････････････ 21
-었 : ーた（過去）･･･････････････ 78
-었어 : ーたの ･･･････････････････ 129
에 : ーに ･･･････････････････････ 18
에 대해서 : ーについて ･････････ 54
에게 : ーに ･･･････････････････････ 68
에는 : ーには ･･･････････････････ 30
에서 : ーで ･･･････････････････････ 36
에어컨 : エアコン ･･･････････････ 74
-여 : ーだ、ーか ･･･････････････ 131
-여 보고 싶어요 : ーてみたいです ･･ 103
-여 봐요 : ーてください ･･･････････ 102
-여 줘요 : ーてください ･･･････････ 110
-여 줘요 : ーてくれます、
　　　　　ーてあげます ･･･････ 109
-여! : ーて ･･･････････････････ 132
여관 : 旅館 ････････････････････ 109
여권 : 旅券、パスポート ･･･････････ 110
여기 : ここ ･･････････････････････ 19
여덟 : 八つ ･･････････････････････ 53
여동생 : 妹 ････････････････････ 131
여든 : 八十 ･･････････････････････ 53
여름 : 夏 ･･･････････････････････ 65
여보세요 : もしもし ･･･････････････ 84
여섯 : 六つ ･･････････････････････ 53
여성 : 女性 ････････････････････ 126
-여요 : ーです、ーます ･･･････････ 26
여자 : 女、女子 ･･･････････････････ 20
여자친구 : 女の友達、彼女 ･･･････････ 92
-여져요 : ーくなります ･････････ 126
여행 : 旅行 ･･････････････････････ 39
역 : 駅 ･･･････････････････････････ 22
역사 : 歴史 ･･････････････････････ 63
연구소 : 研究所 ････････････････ 115
연극 : 演劇 ･･････････････････････ 71

연락 : 連絡 ･･････････････････････ 88

연락주다 : 連絡をくれる ・・・・・・・・・・・・・・・ 127
연락하다 : 連絡する ・・・・・・・・・・・・・・・・・・・ 63
연말 : 年末 ・・・・・・・・・・・・・・・・・・・・・・・・・・ 127
연말연시 : 年末年始 ・・・・・・・・・・・・・・・・・ 67
연못 : 池 ・・・・・・・・・・・・・・・・・・・・・・・・・・・ 121
연세 : お年 ・・・・・・・・・・・・・・・・・・・・・・・・・ 113
연습 : 練習 ・・・・・・・・・・・・・・・・・・・・・・・・・・ 88
연필 : 鉛筆 ・・・・・・・・・・・・・・・・・・・・・・・・・・ 82
연휴 : 連休 ・・・・・・・・・・・・・・・・・・・・・・・・・・ 67
열 : 十 ・・・・・・・・・・・・・・・・・・・・・・・・・・・・・ 53
열 : 熱 ・・・・・・・・・・・・・・・・・・・・・・・・・・・・ 123
열넷 : 十四 ・・・・・・・・・・・・・・・・・・・・・・・・・・ 53
열다 : 開く ・・・・・・・・・・・・・・・・・・・・・・・・・ 105
열다 : 開ける ・・・・・・・・・・・・・・・・・・・・・・・・ 50
열다섯 : 十五 ・・・・・・・・・・・・・・・・・・・・・・・・ 53
열둘 : 十二 ・・・・・・・・・・・・・・・・・・・・・・・・・・ 53
열셋 : 十三 ・・・・・・・・・・・・・・・・・・・・・・・・・・ 53
열심히 : 熱心に、一生懸命に ・・・・・・・・・・・ 29
열아홉 : 十九 ・・・・・・・・・・・・・・・・・・・・・・・・ 53
열여덟 : 十八 ・・・・・・・・・・・・・・・・・・・・・・・・ 53
열여섯 : 十六 ・・・・・・・・・・・・・・・・・・・・・・・・ 53
열일곱 : 十七 ・・・・・・・・・・・・・・・・・・・・・・・・ 53
열하나 : 十一 ・・・・・・・・・・・・・・・・・・・・・・・・ 53
엽서 : ハガキ ・・・・・・・・・・・・・・・・・・・・・・・・ 97
-였 : ーた（過去） ・・・・・・・・・・・・・・・・・・・・ 78
영/공 : ゼロ ・・・・・・・・・・・・・・・・・・・・・・・・ 31
영국 : イギリス ・・・・・・・・・・・・・・・・・・・・・ 105
영어 : 英語 ・・・・・・・・・・・・・・・・・・・・・・・・・・ 38
영화 : 映画 ・・・・・・・・・・・・・・・・・・・・・・・・・・ 32
영화관 : 映画館 ・・・・・・・・・・・・・・・・・・・・・ 65
옆 : 横、隣 ・・・・・・・・・・・・・・・・・・・・・・・・・・ 49
옆 집 : 隣の家 ・・・・・・・・・・・・・・・・・・・・・ 128
예 : はい ・・・・・・・・・・・・・・・・・・・・・・・・・・・ 19
예쁘게 : きれいに ・・・・・・・・・・・・・・・・・・・・ 28
예쁘다 : きれいだ ・・・・・・・・・・・・・・・・・・・・ 44
예순 : 六十 ・・・・・・・・・・・・・・・・・・・・・・・・・・ 53
예요 : ーです ・・・・・・・・・・・・・・・・・・・・・・・・ 24
예요? : ーですか? ・・・・・・・・・・・・・・・・・・・・ 25
옛 : 昔 ・・・・・・・・・・・・・・・・・・・・・・・・・・・・・ 65
옛날 : 昔 ・・・・・・・・・・・・・・・・・・・・・・・・・・・ 80
오 : 五 ・・・・・・・・・・・・・・・・・・・・・・・・・・・・・ 31
오늘 : 今日 ・・・・・・・・・・・・・・・・・・・・・・・・・・ 22
오늘밤 : 今晩 ・・・・・・・・・・・・・・・・・・・・・・・ 105
오다 : 降る ・・・・・・・・・・・・・・・・・・・・・・・・・・ 70
오다 : 来る ・・・・・・・・・・・・・・・・・・・・・・・・・・ 14
오래 : 長く、久しく ・・・・・・・・・・・・・・・・・・ 126
오랜만에 : 久しぶりに ・・・・・・・・・・・・・・・・ 78
오르다 : 上がる ・・・・・・・・・・・・・・・・・・・・・・ 75
오른쪽 : 右、右側 ・・・・・・・・・・・・・・・・・・・・ 49

오빠 : 兄、お兄さん ・・・・・・・・・・・・・・・・・・ 71
오사카 : 大阪 ・・・・・・・・・・・・・・・・・・・・・・・ 50
오시다 : いらっしゃる ・・・・・・・・・・・・・・・・ 54
오십 : 五十 ・・・・・・・・・・・・・・・・・・・・・・・・・・ 31
오이 : キュウリ ・・・・・・・・・・・・・・・・・・・・・・ 22
오토바이 : オートバイ ・・・・・・・・・・・・・・・ 112
오후 : 午後 ・・・・・・・・・・・・・・・・・・・・・・・・・ 100
옥수수 : トウモロコシ ・・・・・・・・・・・・・・・・ 22
온천 : 温泉 ・・・・・・・・・・・・・・・・・・・・・・・・・・ 99
올라가다 : 上がる、のぼる ・・・・・・・・・・・・ 49
올해 : 今年 ・・・・・・・・・・・・・・・・・・・・・・・・・・ 37
옮기다 : 移す ・・・・・・・・・・・・・・・・・・・・・・・ 105
옷 : 服 ・・・・・・・・・・・・・・・・・・・・・・・・・・・・・ 45
옷장 : クロゼット ・・・・・・・・・・・・・・・・・・・・ 24
와 : ーと ・・・・・・・・・・・・・・・・・・・・・・・・・・・ 27
와인 : ワイン ・・・・・・・・・・・・・・・・・・・・・・・・ 92
외 : 外 ・・・・・・・・・・・・・・・・・・・・・・・・・・・・・ 49
외국 : 外国 ・・・・・・・・・・・・・・・・・・・・・・・・・・ 65
외국어 : 外国語 ・・・・・・・・・・・・・・・・・・・・・・ 67
외롭다 : 寂しい ・・・・・・・・・・・・・・・・・・・・・ 122
외우다 : 覚える ・・・・・・・・・・・・・・・・・・・・・・ 79
외출하다 : 出かける、外出する ・・・・・・・・・ 84
왼쪽 : 左、左側 ・・・・・・・・・・・・・・・・・・・・・・ 49
-요 : ーですね、ーです、ーです、
　　　 ーしてください ・・・・・・・・・・・・・・・・ 18
요? : ーですか? ・・・・・・・・・・・・・・・・・・・・・ 107
요금 : 料金 ・・・・・・・・・・・・・・・・・・・・・・・・・ 118
요리 : 料理 ・・・・・・・・・・・・・・・・・・・・・・・・・・ 39
요일 : 曜日＋B727 ・・・・・・・・・・・・・・・・・・ 30
요즘 : 最近、このごろ ・・・・・・・・・・・・・・・・ 47
욕 : 悪口 ・・・・・・・・・・・・・・・・・・・・・・・・・・・ 76
용돈 : お小遣い ・・・・・・・・・・・・・・・・・・・・・ 104
용산 : ヨンサン（龍山） ・・・・・・・・・・・・・・ 41
용평 : ヨンピョン（龍平） ・・・・・・・・・・・・・ 99
우 : 右 ・・・・・・・・・・・・・・・・・・・・・・・・・・・・・ 49
우동 : うどん ・・・・・・・・・・・・・・・・・・・・・・・・ 16
우동집 : うどん屋 ・・・・・・・・・・・・・・・・・・・・ 76
우리 : うち ・・・・・・・・・・・・・・・・・・・・・・・・・・ 49
우리 : 私たち ・・・・・・・・・・・・・・・・・・・・・・・・ 58
우산 : 傘 ・・・・・・・・・・・・・・・・・・・・・・・・・・・ 106
우선 : まず、さきに ・・・・・・・・・・・・・・・・・・ 18
우유 : 牛乳 ・・・・・・・・・・・・・・・・・・・・・・・・・・ 45
우체국 : 郵便局 ・・・・・・・・・・・・・・・・・・・・・・ 76
우표 : 切手 ・・・・・・・・・・・・・・・・・・・・・・・・・・ 45
운동 : 運動 ・・・・・・・・・・・・・・・・・・・・・・・・・・ 62
운동장 : 運動場 ・・・・・・・・・・・・・・・・・・・・・ 116
운전 : 運転 ・・・・・・・・・・・・・・・・・・・・・・・・・・ 56
운전하다 : 運転する ・・・・・・・・・・・・・・・・・ 103
울다 : 泣く ・・・・・・・・・・・・・・・・・・・・・・・・・・ 63
웃다 : 笑う ・・・・・・・・・・・・・・・・・・・・・・・・・・ 43

원 : ウォン（韓国の貨幣単位） ・・・・・・・・・・・・・・ 54

원하다 : ほしい ・・・・・・・・・・・・・ 83
월급 : 月給 ・・・・・・・・・・・・・ 45
월요일 : 月曜日 ・・・・・・・・・・・・ 30
위 : 上 ・・・・・・・・・・・・・・・・ 49
위험하다 : 危ない、危険だ ・・・・・・・ 43
유람선 : 遊覧船 ・・・・・・・・・・・・ 105
유연하다 : 柔らかい、柔軟だ ・・・・・・ 72
유원지 : 遊園地 ・・・・・・・・・・・・ 45
유학 : 留学 ・・・・・・・・・・・・・・ 60
유학가다 : 留学する ・・・・・・・・・・ 111
유학생 : 留学生 ・・・・・・・・・・・・ 45
유행 : 流行 ・・・・・・・・・・・・・・ 65
유행하다 : 流行する ・・・・・・・・・・ 47
육 : 六 ・・・・・・・・・・・・・・・・ 31
육십 : 六十 ・・・・・・・・・・・・・・ 31
으러 : ーに ・・・・・・・・・・・・・・ 96
-으려고 해요 : ーしようとします ・・・・ 108
-으로 : ーに ・・・・・・・・・・・・・ 73
-으로 : ーに ・・・・・・・・・・・・・ 118
-으로 : ーへ ・・・・・・・・・・・・・ 47
-으면 : ーと、ーば、ーたら、ーなら
・・・・・・・・・・・・・・・・・・ 62
-으세요? : おーになりますか?、
ー（ら）れますか? ・・・・ 114
-으시 : おーになる、ー（ら）れる
・・・・・・・・・・・・・・・・・・ 114
-으십니다 : おーになります、
ー（ら）れます ・・・・・・・ 114
은 : ーは ・・・・・・・・・・・・・・ 15
-은 적이 없어요
: ーしたことがありません ・・・・・ 104
-은 적이 있어요
: ーしたことがあります ・・・・・・ 104
-은데 : ねえ、なあ ・・・・・・・・・・ 129
은요? : ーは? ・・・・・・・・・・・・ 98
은행 : 銀行 ・・・・・・・・・・・・・・ 22
을 : ーを ・・・・・・・・・・・・・ 26
-을 거예요 : ーでしょう（推測）・・・・ 120
-을 거예요 : ーます（意志）・・・・・・ 120
-을 것 같다 : ーのようだ、
ーそうだ ・・・・・・・・・・ 68
-을 때 : ーの時 ・・・・・・・・・・・ 62
-을 생각이에요
: ーするつもりです ・・・・・・・・ 109
-을 수 없어요
: ーすることができません ・・・・・ 103
-을 수 있어요
: ーすることができます ・・・・・・ 103
-을 테니까 : ーから ・・・・・・・・・ 125

-을게요 : ーしますね ・・・・・・・・・ 69
-을까요? : ーましょうか? ・・・・・・ 68
-을까요? : ーましょうか?、
ーでしょうか? ・・・・・・ 96
-을래요 : ーます ・・・・・・・・・・・ 97
-을래요? : ーますか? ・・・・・・・・ 97
-을수록 : ーほど、ー方が ・・・・・・ 68
음료 : 飲み物 ・・・・・・・・・・・・・ 39
음료수 : 飲み物 ・・・・・・・・・・・・ 94
음식 : 食べ物 ・・・・・・・・・・・・・ 14
음악 : 音楽 ・・・・・・・・・・・・・・ 43
-읍시다 : ーましょう ・・・・・・・・・ 70
의 : ーの ・・・・・・・・・・・・・・ 18
의사 : お医者 ・・・・・・・・・・・・・ 60
의자 : 椅子 ・・・・・・・・・・・・・・ 24
이 : ーが ・・・・・・・・・・・・・・ 18
이 : この ・・・・・・・・・・・・・・ 19
이 : 歯 ・・・・・・・・・・・・・・・ 109
이 : 二 ・・・・・・・・・・・・・・・ 31
이 아닙니다 : ーではありません ・・・・ 18
이것 : これ ・・・・・・・・・・・・・・ 19
이게 : これが ・・・・・・・・・・・・・ 131
-이군요 : ーですね ・・・・・・・・・・ 125
이기다 : 勝つ ・・・・・・・・・・・・・ 48
이나 : ーや、ーか ・・・・・・・・・・ 91
-이네요 : ーですね ・・・・・・・・・・ 30
이다 : ーだ、ーである ・・・・・・・・ 71
이단 : 二段 ・・・・・・・・・・・・・・ 24
이든지 : ーでも ・・・・・・・・・・・・ 75
이라고 합니다 : ーといいます ・・・・・ 14
이라도 : ーでも ・・・・・・・・・・・・ 96
이랑 : ーと ・・・・・・・・・・・・・・ 92
이렇게 : こう、このように ・・・・・・・ 19
이렇다 : こうだ ・・・・・・・・・・・・ 124
이력서 : 履歴書 ・・・・・・・・・・・・ 120
이름 : 名前 ・・・・・・・・・・・・・・ 16
이모 : おば（母の姉妹）・・・・・・・・ 65
이미영 : イミョン ・・・・・・・・・・・ 12
이백 : 二百 ・・・・・・・・・・・・・・ 31
이번 : 今回、今の度 ・・・・・・・・・・ 18
이번달 : 今月 ・・・・・・・・・・・・・ 37
이번주 : 今週 ・・・・・・・・・・・・・ 37
이사 : 引っ越し ・・・・・・・・・・・・ 75
이세요? : ーですか? ・・・・・・・・・ 115
이십 : 二十 ・・・・・・・・・・・・・・ 31
이십니까? : ーですか?
ーでございますか? ・・・・・・ 12
이십니다 : ーです ・・・・・・・・・・・ 115
-이야 : ーだ、ーか ・・・・・・・・・・ 131
이야기 : 話 ・・・・・・・・・・・・・・ 43

이에요 : ーです ・・・・・・・・・・・・ 25

148

이에요? ： ―ですか？・・・・・・・・・・・・ 24
이인 ： 二人・・・・・・・・・・・・・・・・・・・ 24
이인일실 ： 二人部屋・・・・・・・・・・・・・ 24
이일 ： 二日・・・・・・・・・・・・・・・・・・・ 30
-이죠? ： ―ですね？―ですか？・・・・・ 32
-이지요? ： ―ですか・・・・・・・・・・・・・ 30
이쪽 ： こちら、こっち・・・・・・・・・・・・ 19
이천 ： イチョン（梨川：韓国の都市）・・ 75
이천 ： 二千・・・・・・・・・・・・・・・・・・・ 34
이틀 ： 二日、二日間・・・・・・・・・・・・・ 88
이호선 ： ２号線・・・・・・・・・・・・・・・・ 118
익숙하다 ： 慣れる・・・・・・・・・・・・・・・ 128
인기 ： 人気・・・・・・・・・・・・・・・・・・・ 47
-인데? ： ―だね？、なの？・・・・・・・・・ 129
인사동 ： インサドン（仁寺洞）・・・・・・ 76
인상 ： 印象・・・・・・・・・・・・・・・・・・・ 90
인생 ： 人生・・・・・・・・・・・・・・・・・・・ 125
인솔자 ： 引率者・・・・・・・・・・・・・・・・ 133
인스턴트 ： インスタント・・・・・・・・・・・ 88
인연 ： 因縁、ゆかり、縁、きずな・・・・・ 103
인천 ： インチョン
　　　　（仁川：韓国の都市）・・・・・・・ 95
인형 ： 人形・・・・・・・・・・・・・・・・・・・ 50
일 ： 一・・・・・・・・・・・・・・・・・・・・・ 31
일 ： 仕事・・・・・・・・・・・・・・・・・・・・ 43
일곱 ： 七つ・・・・・・・・・・・・・・・・・・・ 53
일기 ： 日記・・・・・・・・・・・・・・・・・・・ 89
일년 ： 一年・・・・・・・・・・・・・・・・・・・ 88
일본 ： 日本・・・・・・・・・・・・・・・・・・・ 14
일본사람 ： 日本人・・・・・・・・・・・・・・ 83
일본어 ： 日本語・・・・・・・・・・・・・・・・ 102
일식 ： 和食、日本食・・・・・・・・・・・・・ 76
일실 ： 一室、一部屋・・・・・・・・・・・・・ 24
일어나다 ： 起きる・・・・・・・・・・・・・・・ 117
일요일 ： 日曜日・・・・・・・・・・・・・・・・ 32
일일 ： 一日・・・・・・・・・・・・・・・・・・・ 30
일주일 ： 一週間・・・・・・・・・・・・・・・・ 30
일찍 ： 早く・・・・・・・・・・・・・・・・・・・ 97
일하다 ： 働く・・・・・・・・・・・・・・・・・・ 33
일호선 ： １号線・・・・・・・・・・・・・・・・ 118
일흔 ： 七十・・・・・・・・・・・・・・・・・・・ 53
읽다 ： 読む・・・・・・・・・・・・・・・・・・・ 33
잃다 ： 失う・・・・・・・・・・・・・・・・・・・ 131
입 ： 口・・・・・・・・・・・・・・・・・・・・・ 16
입구 ： 入り口・・・・・・・・・・・・・・・・・ 71
입니까? ： ―ですか？・・・・・・・・・・・・ 18
입니다 ： ―です・・・・・・・・・・・・・・・・ 12
입다 ： 着る、（ズボンなどを）履く・・・・・・ 45
입술 ： 唇・・・・・・・・・・・・・・・・・・・・ 124

입원하다 ： 入院する・・・・・・・・・・・・・ 106
잇다 ： 結ぶ・・・・・・・・・・・・・・・・・・・ 121
있다 ： ある、いる・・・・・・・・・・・・・・・ 18
잊어버리다 ： 忘れる・・・・・・・・・・・・・ 117

－ ㅈ －

자격증 ： 資格証・・・・・・・・・・・・・・・・ 89
자꾸 ： しきりに、ひっきりなしに、
　　　　何度も・・・・・・・・・・・・・・・・・ 134
자다 ： 寝る、眠る・・・・・・・・・・・・・・・ 28
자동차 ： 自動車、車・・・・・・・・・・・・・ 95
자료 ： 資料・・・・・・・・・・・・・・・・・・・ 96
자르다 ： 切る・・・・・・・・・・・・・・・・・ 105
자세 ： 姿勢・・・・・・・・・・・・・・・・・・・ 64
자식 ： 子供・・・・・・・・・・・・・・・・・・・ 65
자전거 ： 自転車・・・・・・・・・・・・・・・・ 50
자주 ： しばしば、よく・・・・・・・・・・・・・ 20
자판기 ： 自動販売機・・・・・・・・・・・・・ 38
작년 ： 昨年・・・・・・・・・・・・・・・・・・・ 37
작다 ： 小さい・・・・・・・・・・・・・・・・・・ 44
잔 ： 一杯・・・・・・・・・・・・・・・・・・・・ 52
잘 ： よく、よろしく・・・・・・・・・・・・・・・ 12
잘못 ： 間違い、誤り・・・・・・・・・・・・・・ 87
잘하다 ： 上手だ、きちんとする・・・・・・ 56
잠 ： 眠り・・・・・・・・・・・・・・・・・・・・ 56
잠실운동장 ： チャムシル運動場・・・・・・ 99
잡다 ： 握る、（手を）取る・・・・・・・・・・・ 105
잡다 ： 取る、つかむ・・・・・・・・・・・・・・ 58
잡수시다 ： 召しあがる・・・・・・・・・・・・ 14
잡지 ： 雑誌・・・・・・・・・・・・・・・・・・・ 65
잡채 ： ジャプチェ・・・・・・・・・・・・・・・ 105
장 ： 一枚・・・・・・・・・・・・・・・・・・・・ 55
장갑 ： 手袋・・・・・・・・・・・・・・・・・・・ 105
장난감 ： おもちゃ・・・・・・・・・・・・・・・ 95
장동건 ： チャンドンゴン・・・・・・・・・・・ 16
장미 ： バラ・・・・・・・・・・・・・・・・・・・ 55
장사 ： 商売・・・・・・・・・・・・・・・・・・・ 120
장소 ： 場所・・・・・・・・・・・・・・・・・・・ 76
장점 ： 長所・・・・・・・・・・・・・・・・・・・ 103
재떨이 ： 灰皿・・・・・・・・・・・・・・・・・ 125
재료 ： 材料・・・・・・・・・・・・・・・・・・・ 72
재미 ： 面白み、面白さ・・・・・・・・・・・・ 66
재미없다 ： 面白くない・・・・・・・・・・・・ 50
재미있다 ： 面白い・・・・・・・・・・・・・・・ 50
저 ： あの・・・・・・・・・・・・・・・・・・・・ 19
저 ： わたくし、わたし・・・・・・・・・・・・・ 12
저것 ： あれ・・・・・・・・・・・・・・・・・・・ 19
저게 ： あれが・・・・・・・・・・・・・・・・・ 131
저금 ： 貯金・・・・・・・・・・・・・・・・・・・ 125

저기 : あそこ ・・・・・・・・・・・・・・・・・・・ 19
저기요 : あの ・・・・・・・・・・・・・・・・・・ 47
저녁 : 夕方、夕食 ・・・・・・・・・・・・・・・ 33
저렇게 : ああ、あのように ・・・・・・・・ 19
저렇다 : ああだ ・・・・・・・・・・・・・・・・・ 127
저번 : 前回 ・・・・・・・・・・・・・・・・・・・・・ 19
저쪽 : あちら、あっち ・・・・・・・・・・・ 19
저희 : 私たち ・・・・・・・・・・・・・・・・・・ 115
적다 : 少ない ・・・・・・・・・・・・・・・・・・ 45
전 : 前 ・・・・・・・・・・・・・・・・・・・・・・・・ 49
전람회 : 展覧会 ・・・・・・・・・・・・・・・・ 111
전문가 : 専門家 ・・・・・・・・・・・・・・・・・ 65
전부 : 全部、すべて ・・・・・・・・・・・・・ 79
전시회 : 展示会 ・・・・・・・・・・・・・・・・ 105
전자 : 電子 ・・・・・・・・・・・・・・・・・・・・ 41
전자메일 : 電子メール ・・・・・・・・・・・ 120
전자상가 : 家電専門街（電子商街）・ 41
전주 : 先週 ・・・・・・・・・・・・・・・・・・・・ 37
전철 : 電車 ・・・・・・・・・・・・・・・・・・・・ 85
전통 : 伝統 ・・・・・・・・・・・・・・・・・・・・ 39
전하다 : 伝える ・・・・・・・・・・・・・・・・ 84
전혀 : 全く ・・・・・・・・・・・・・・・・・・・・ 52
전화 : 電話 ・・・・・・・・・・・・・・・・・・・・ 39
전화번호 : 電話番号 ・・・・・・・・・・・・・ 43
전화하다 : 電話する ・・・・・・・・・・・・・ 69
젊다 : 若い ・・・・・・・・・・・・・・・・・・・・ 72
점심 : 昼、昼食 ・・・・・・・・・・・・・・・・ 34
점원 : 店員 ・・・・・・・・・・・・・・・・・・・・ 47
점점 : だんだん、ますます ・・・・・・・ 128
접다 : 折る ・・・・・・・・・・・・・・・・・・・・ 103
젓다 : 混ぜる ・・・・・・・・・・・・・・・・・・ 119
정도 : くらい、程、程度 ・・・・・・・・・ 41
정류장 : 停留場 ・・・・・・・・・・・・・・・・ 86
정리하다 : 整理する ・・・・・・・・・・・・・ 30
정말 : 本当に ・・・・・・・・・・・・・・・・・・ 22
정문 : 正門 ・・・・・・・・・・・・・・・・・・・・ 71
정하다 : 決める ・・・・・・・・・・・・・・・・ 76
제 : 私、自分 ・・・・・・・・・・・・・・・・・・ 68
제일 : 第一、一番 ・・・・・・・・・・・・・・ 18
제주도 : チェジュド（済州島）・・・・・ 71
조 : 兆 ・・・・・・・・・・・・・・・・・・・・・・・・ 31
조금 : 少し ・・・・・・・・・・・・・・・・・・・・ 52
조선호텔 : 朝鮮ホテル ・・・・・・・・・・・ 22
조용하다 : 静かだ ・・・・・・・・・・・・・・・ 80
조용히 : 静かに ・・・・・・・・・・・・・・・・ 63
조카 : 甥、姪 ・・・・・・・・・・・・・・・・・・ 77
졸업 : 卒業 ・・・・・・・・・・・・・・・・・・・・ 111
졸업하다 : 卒業する ・・・・・・・・・・・・・ 64
좀 : 少し、ちょっと ・・・・・・・・・・・・ 47
좀 더 : もう少し ・・・・・・・・・・・・・・・・ 97

좁다 : 狭い ・・・・・・・・・・・・・・・・・・・・ 120
종로 : チョンロ（鐘路）・・・・・・・・・・ 99
종이학 : 折鶴 ・・・・・・・・・・・・・・・・・・ 103
좋다 : よい、よろしい ・・・・・・・・・・・ 18
좋아하다 : 好きだ、好む ・・・・・・・・・ 48
좌 : 左 ・・・・・・・・・・・・・・・・・・・・・・・・ 49
죄송하다 : 申し訳ない ・・・・・・・・・・・ 59
-죠? : ―ですね？、―ますね？、
　　　　―ですか？、―ますか？ ・・ 12
주 : 週 ・・・・・・・・・・・・・・・・・・・・・・・・ 36
주다 : くれる、与える ・・・・・・・・・・・ 47
주다 : 払う、支払う ・・・・・・・・・・・・・ 129
주말 : 週末 ・・・・・・・・・・・・・・・・・・・・ 67
주무시다 : お休みになる ・・・・・・・・・ 14
주문하다 : 注文する ・・・・・・・・・・・・・ 51
주변 : 周辺 ・・・・・・・・・・・・・・・・・・・・ 30
주부 : 主婦 ・・・・・・・・・・・・・・・・・・・・ 20
주사 : 注射 ・・・・・・・・・・・・・・・・・・・・ 100
주사를 맞다 : 注射を打たれる ・・・・・ 100
주소 : 住所 ・・・・・・・・・・・・・・・・・・・・ 43
주위 : 周囲、回り ・・・・・・・・・・・・・・ 24
주인 : 主人 ・・・・・・・・・・・・・・・・・・・・ 73
죽다 : 死ぬ ・・・・・・・・・・・・・・・・・・・・ 115
준비 : 準備 ・・・・・・・・・・・・・・・・・・・・ 96
준비운동 : 準備運動、
　　　　ウォーミングアップ ・・・・・ 89
준비하다 : 準備する ・・・・・・・・・・・・・ 85
중간 : 中間 ・・・・・・・・・・・・・・・・・・・・ 49
중국 : 中国 ・・・・・・・・・・・・・・・・・・・・ 20
중국어 : 中国語 ・・・・・・・・・・・・・・・・ 105
중국집 : 中華料理屋 ・・・・・・・・・・・・・ 73
중요하다 : 重要だ ・・・・・・・・・・・・・・・ 120
쥬스 : ジュース ・・・・・・・・・・・・・・・・ 91
즐겁다 : 楽しい ・・・・・・・・・・・・・・・・ 59
즐기다 : 楽しむ ・・・・・・・・・・・・・・・・ 126
증상 : 症状 ・・・・・・・・・・・・・・・・・・・・ 123
-지 마세요 : ―しないでください ・・・・・・・ 74
-지 맙시다
　 : ―しないでおきましょう ・・・・・・ 73
-지 못하다 : ―できない ・・・・・・・・・・・ 52
-지 않다 : ―くない、―ない ・・・・・・・・ 41
지각하다 : 遅刻する ・・・・・・・・・・・・・ 106
지갑 : 財布 ・・・・・・・・・・・・・・・・・・・・ 54
지금 : 今 ・・・・・・・・・・・・・・・・・・・・・・ 54
지나가다 : 通り過ぎる ・・・・・・・・・・・ 127
지나다 : 過ぎる ・・・・・・・・・・・・・・・・ 66
지난 : 過ぎた、前の ・・・・・・・・・・・・・ 123
지난달 : 先月 ・・・・・・・・・・・・・・・・・・ 37
지난주 : 先週 ・・・・・・・・・・・・・・・・・・ 37
지난해 : 去年 ・・・・・・・・・・・・・・・・・・ 37

지내다 ： 過ごす・・・・・・・・・・・・・・・・・ 57
지다 ： 負ける・・・・・・・・・・・・・・・・・ 48
지도 ： 地図・・・・・・・・・・・・・・・・・ 102
지도하다 ： 指導する・・・・・・・・・・・・・・・・・ 116
지리산 ： チリサン（智異山）・・・・・・・・・・・ 121
-지만 ： －が、－けれども・・・・・・・・・・ 57
-지요 ： －でしょう、－ましょう・・・・ 24
지키다 ： 守る・・・・・・・・・・・・・・・・・ 54
지하 ： 地下・・・・・・・・・・・・・・・・・ 76
지하철 ： 地下鉄・・・・・・・・・・・・・・・・・ 22
직업 ： 職業・・・・・・・・・・・・・・・・・ 115
직원 ： 職員・・・・・・・・・・・・・・・・・ 115
직장인 ： サラリーマン・・・・・・・・・・・・ 71
진지 ： お食事、ご飯・・・・・・・・・・・・ 115
진찰 ： 診察・・・・・・・・・・・・・・・・・ 88
질 ： 質、品質・・・・・・・・・・・・・・・・・ 60
짐 ： 荷、荷物・・・・・・・・・・・・・・・・・ 30
집 ： 家・・・・・・・・・・・・・・・・・ 38
집합 ： 集合・・・・・・・・・・・・・・・・・ 133
짓다 ： 立てる、炊く・・・・・・・・・・・・ 119
짜다 ： 塩辛い・・・・・・・・・・・・・・・・・ 126
자장면 ： ジャジャン麺・・・・・・・・・・・・ 16
짬뽕 ： ちゃんぽん・・・・・・・・・・・・・・ 88
-째 ： －目・・・・・・・・・・・・・・・・・ 18
쪽 ： 方・・・・・・・・・・・・・・・・・ 118
찌개 ： チゲ・・・・・・・・・・・・・・・・・ 16
찌다 ： 太る・・・・・・・・・・・・・・・・・ 70
찍다 ： （写真を）取る・・・・・・・・・・・・ 28
찢어지다 ： 破れる・・・・・・・・・・・・・・ 127

- ㅊ -

차 ： 車、自動車・・・・・・・・・・・・・・・・ 54
차갑다 ： 冷たい・・・・・・・・・・・・・・・ 133
차다 ： 蹴る・・・・・・・・・・・・・・・・・ 116
차다 ： 冷たい・・・・・・・・・・・・・・・・・ 128
차차 ： だんだん、しだいに・・・・・・・・ 128
착하다 ： 正しい、おとなしい・・・・・・・・ 133
참 ： そういえば、あ、あっ、
　　　　そうだ・・・・・・・・・・・・・・・・・ 123
참 ： まことに、本当に・・・・・・・・・・・・ 22
참가하다 ： 参加する・・・・・・・・・・・・・・ 56
참다 ： 我慢する・・・・・・・・・・・・・・・ 127
참석하다 ： 出席する・・・・・・・・・・・・・・ 106
창문 ： 窓・・・・・・・・・・・・・・・・・ 50
창피하다 ： 恥ずかしい・・・・・・・・・・・・ 127
찾다 ： （お金を）おろす・・・・・・・・・・ 108
찾다 ： 探す・・・・・・・・・・・・・・・・・ 96
찾아오다 ： 訪ねてくる・・・・・・・・・・・・ 125
채팅 ： チャット・・・・・・・・・・・・・・・ 40

책 ： 本・・・・・・・・・・・・・・・・・ 27
책상 ： 机・・・・・・・・・・・・・・・・・ 24
책임 ： 責任・・・・・・・・・・・・・・・・・ 87
처음 ： はじめ、初めて・・・・・・・・・・・・ 13
천 ： 千・・・・・・・・・・・・・・・・・ 31
천만 ： 千万・・・・・・・・・・・・・・・・・ 31
천천히 ： ゆっくり・・・・・・・・・・・・・・・ 14
천하장사 ： 世にまれな力持ち・・・・・・・ 125
청소 ： 掃除・・・・・・・・・・・・・・・・・ 45
청소기 ： 掃除機・・・・・・・・・・・・・・・ 122
청소기를 돌리다
　　　： 掃除機をかける・・・・・・・・・・・・ 122
청소하다 ： 掃除する・・・・・・・・・・・・・・ 35
체육관 ： 体育館・・・・・・・・・・・・・・・ 111
초 ： 始め・・・・・・・・・・・・・・・・・ 36
초대 ： 招待・・・・・・・・・・・・・・・・・ 106
초밥 ： 寿司・・・・・・・・・・・・・・・・・ 97
초보 ： 初歩、初心者・・・・・・・・・・・・ 131
초콜릿 ： チョコレート・・・・・・・・・・・・ 16
촬영 ： 撮影・・・・・・・・・・・・・・・・・ 60
최선 ： 最善・・・・・・・・・・・・・・・・・ 109
최지우 ： チェジウ・・・・・・・・・・・・・・・ 16
추다 ： 踊る・・・・・・・・・・・・・・・・・ 40
추석 ： チュソク（秋夕:旧盆）・・・・・・・ 75
축구 ： サッカー・・・・・・・・・・・・・・・ 95
축제 ： 祭り・・・・・・・・・・・・・・・・・ 88
춘천 ： チュンチョン
　　　　　（春川:韓国の都市）・・・・・・ 64
출근하다 ： 出勤する・・・・・・・・・・・・・・ 99
출발 ： 出発・・・・・・・・・・・・・・・・・ 115
출발하다 ： 出発する・・・・・・・・・・・・・・ 88
출장 ： 出張・・・・・・・・・・・・・・・・・ 92
춤 ： 踊り・・・・・・・・・・・・・・・・・ 40
춥다 ： 寒い・・・・・・・・・・・・・・・・・ 58
취미 ： 趣味・・・・・・・・・・・・・・・・・ 48
취직하다 ： 就職する・・・・・・・・・・・・・・ 105
층 ： －階・・・・・・・・・・・・・・・・・ 71
치과 ： 歯科・・・・・・・・・・・・・・・・・ 76
치다 ： （ピアノを）弾く・・・・・・・・・・ 55
치다 ： 打つ・・・・・・・・・・・・・・・・・ 40
치다 ： 打つ、（ゴルフなどを）する・・・・・・・ 71
치마 ： スカート・・・・・・・・・・・・・・・ 50
치마저고리 ： チマチョゴリ・・・・・・・・・・ 105
치우다 ： 片付ける・・・・・・・・・・・・・・ 125
친- ： 実の－・・・・・・・・・・・・・・・・・ 71
친구 ： 友人、友達・・・・・・・・・・・・・・ 16
친절하다 ： 親切だ・・・・・・・・・・・・・・・ 83
친하다 ： 親しい・・・・・・・・・・・・・・・ 126
칠 ： 七・・・・・・・・・・・・・・・・・ 31
칠십 ： 七十・・・・・・・・・・・・・・・・・ 31

침대 ： ベッド・・・・・・・・・・・・・・・・・ 24

칭찬 : 賞賛、ほめること ・・・・・・・・・・・・・ 126
칭찬을 받다 : ほめられる ・・・・・・・・・・・・ 126

- ㅋ -

카드 : カード ・・・・・・・・・・・・・・・・・・・・・ 116
카트 : カート ・・・・・・・・・・・・・・・・・・・・・ 121
카페 : カフェ ・・・・・・・・・・・・・・・・・・・・・ 94
칸느 영화제 : カンヌ映画祭 ・・・・・・・・ 60
캐나다 : カナダ ・・・・・・・・・・・・・・・・・・ 76
캠코더 (비디오 카메라)
　 : ビデオカメラ ・・・・・・・・・・・・・・・・ 38
캠핑 : キャンプ ・・・・・・・・・・・・・・・・・・ 97
커피 : コーヒー ・・・・・・・・・・・・・・・・・・ 33
커피숍 : コーヒーショップ ・・・・・・・・・ 65
컴퓨터 : コンピューター ・・・・・・・・・・・ 39
케이크 : ケーキ ・・・・・・・・・・・・・・・・・・ 16
켜다 : つける ・・・・・・・・・・・・・・・・・・・・ 76
코 : 鼻 ・・・・・・・・・・・・・・・・・・・・・・・・・ 16
코트 : コート ・・・・・・・・・・・・・・・・・・・・ 79
콜라 : コーラ ・・・・・・・・・・・・・・・・・・・・ 26
쾌적하다 : 快適だ ・・・・・・・・・・・・・・・ 133
쿠키 : お菓子、クッキー ・・・・・・・・・・・ 121
크다 : 大きい ・・・・・・・・・・・・・・・・・・・・ 46
키 : 背 ・・・・・・・・・・・・・・・・・・・・・・・・・ 77
키우다 : 育てる ・・・・・・・・・・・・・・・・・・ 109

- ㅌ -

타다 : (スキーを) する ・・・・・・・・・・・・・ 40
타다 : 焦げる ・・・・・・・・・・・・・・・・・・・ 119
타다 : 乗る ・・・・・・・・・・・・・・・・・・・・・ 61
타향살이 : 異郷暮らし ・・・・・・・・・・・・ 60
탁구 : 卓球、ピンポン ・・・・・・・・・・・・・ 88
탁자 : 机、テーブル ・・・・・・・・・・・・・・ 50
탓 : せい ・・・・・・・・・・・・・・・・・・・・・・・ 87
탕수육 : タンスユク
　　　　 (湯酢肉、韓国式の酢豚) ・・・・・・・・・ 38
태권도 : テコンド ・・・・・・・・・・・・・・・・ 107
태연하다 : 平然とする ・・・・・・・・・・・・ 120
태풍 : 台風 ・・・・・・・・・・・・・・・・・・・・・ 38
택시 : タクシー ・・・・・・・・・・・・・・・・・・ 70
테니스 : テニス ・・・・・・・・・・・・・・・・・・ 56
테이프 : テープ ・・・・・・・・・・・・・・・・・・ 71
텔레비전 : テレビ ・・・・・・・・・・・・・・・・ 37
토마토쥬스 : トマトジュース ・・・・・・・ 133
토요일 : 土曜日 ・・・・・・・・・・・・・・・・・・ 32
토하다 : 吐く ・・・・・・・・・・・・・・・・・・・ 123

틀다 : つける ・・・・・・・・・・・・・・・・・・・ 100

- ㅍ -

파랗다 : 青い ・・・・・・・・・・・・・・・・・・・ 124
파마 : パーマ ・・・・・・・・・・・・・・・・・・・ 104
파이 : パイ ・・・・・・・・・・・・・・・・・・・・・ 16
파티 : パーティー ・・・・・・・・・・・・・・・・ 68
파파야 : パパイヤ ・・・・・・・・・・・・・・・・ 38
판소리 : パンソリ ・・・・・・・・・・・・・・・・ 111
팔 : 八 ・・・・・・・・・・・・・・・・・・・・・・・・ 31
팔다 : 売る ・・・・・・・・・・・・・・・・・・・・・ 41
팔리다 売れる ・・・・・・・・・・・・・・・・・・ 47
팔십 : 八十 ・・・・・・・・・・・・・・・・・・・・・ 31
팔씨름 : 腕相撲 ・・・・・・・・・・・・・・・・・ 92
팝송 : ポップソング ・・・・・・・・・・・・・・ 70
편리하다 : 便利だ ・・・・・・・・・・・・・・・ 133
편안히 : 安らかに、楽に ・・・・・・・・・・・ 14
편의점 : コンビニエンスストア ・・・・・・ 46
편지 : 手紙 ・・・・・・・・・・・・・・・・・・・・・ 79
편하다 : 楽だ ・・・・・・・・・・・・・・・・・・・ 121
편히 : 安らかに、楽に ・・・・・・・・・・・・・ 28
평범하다 : 平凡だ、普通だ ・・・・・・・・ 133
평소 : 平素、普段 ・・・・・・・・・・・・・・・ 58
평안하다 : 安らかだ、元気だ、
　　　　　 無事だ ・・・・・・・・・・・・ 14
포도 : ブドウ ・・・・・・・・・・・・・・・・・・・ 59
표 : 切符 ・・・・・・・・・・・・・・・・・・・・・・ 89
표정 : 表情 ・・・・・・・・・・・・・・・・・・・・・ 126
표현 : 表現 ・・・・・・・・・・・・・・・・・・・・・ 127
푹 : ぐっすり、ぐっすりと ・・・・・・・・・ 28
풀리다 : 解ける ・・・・・・・・・・・・・・・・・ 134
품질 : 品質 ・・・・・・・・・・・・・・・・・・・・・ 66
프랑스어 : フランス語 ・・・・・・・・・・・・ 83
피곤하다 : 疲れる ・・・・・・・・・・・・・・・ 66
피다 : 咲く ・・・・・・・・・・・・・・・・・・・・・ 64
피부 : 皮膚 ・・・・・・・・・・・・・・・・・・・・・ 128
피아노 : ピアノ ・・・・・・・・・・・・・・・・・・ 55
피우다 : 吸う ・・・・・・・・・・・・・・・・・・・ 76
피자 : ピザ ・・・・・・・・・・・・・・・・・・・・・ 39
피하다 : 避ける ・・・・・・・・・・・・・・・・・ 126
피해 : 被害 ・・・・・・・・・・・・・・・・・・・・・ 60
필요하다 : 必要だ ・・・・・・・・・・・・・・・ 125

- ㅎ -

하 : 下 ・・・・・・・・・・・・・・・・・・・・・・・・ 49
하고 : －と ・・・・・・・・・・・・・・・・・・・・・ 24
하나 : 一つ ・・・・・・・・・・・・・・・・・・・・・ 52

하늘 : そら ・・・・・・・・・・・・・ 26
하다 : する ・・・・・・・・・・・・・ 14
하다 : する ・・・・・・・・・・・・・ 30
하루 : 一日 ・・・・・・・・・・・・・ 54
하루하루 : 毎日 ・・・・・・・・・・ 126
하얗다 : 白い ・・・・・・・・・・・ 127
하이킹 : ハイキング ・・・・・・・・ 88
학교 : 学校 ・・・・・・・・・・・・・ 38
학기 : 学期 ・・・・・・・・・・・・・ 36
학생 : 学生 ・・・・・・・・・・・・・ 19
학용품 : 学用品、文房具 ・・・・・ 109
학원 : 塾 ・・・・・・・・・・・・・・ 65
한 : 一つ ・・・・・・・・・・・・・・ 54
한국 : 韓国 ・・・・・・・・・・・・・ 14
한국말 : 韓国語 ・・・・・・・・・・ 50
한국사람 : 韓国人 ・・・・・・・・・ 83
한국어 : 韓国語 ・・・・・・・・・・ 34
한글 : ハングル ・・・・・・・・・・ 14
한글 워드 : ハングルワード ・・・・ 40
한눈에 : 一目で ・・・・・・・・・・ 131
한달 : 一か月 ・・・・・・・・・・・ 64
한번 : 一回、一度 ・・・・・・・・・ 75
한번도 : 一度も、一回も ・・・・・ 101
한복 : 韓服 ・・・・・・・・・・・・・ 94
한식집 : 韓国料理屋 ・・・・・・・・ 76
한자 : 漢字 ・・・・・・・・・・・・ 106
한잔 : 一杯 ・・・・・・・・・・・・・ 52
한잔하다 : 一杯やる ・・・・・・・・ 52
한참 : しばらく ・・・・・・・・・・ 80
한테서 : ―から ・・・・・・・・・・ 125
할 수 있다 : できる ・・・・・・・・ 81
할머니 : おばあさん、祖母 ・・・・・ 95
할인권 : 割引券 ・・・・・・・・・・ 71
함께 : 一緒に ・・・・・・・・・・・ 86
합격 : 合格 ・・・・・・・・・・・・ 112
합숙회 : 合宿会 ・・・・・・・・・・ 36
해 : 日 ・・・・・・・・・・・・・・ 126
해외 : 海外 ・・・・・・・・・・・・ 40
핸드백 : ハンドバック ・・・・・・・ 79
핸드폰 : 携帯電話 ・・・・・・・・・ 38
행복하다 : 幸せだ、幸福だ ・・・・・ 133
허약하다 : 弱い、衰弱だ ・・・・・・ 126
현관 : 玄関 ・・・・・・・・・・・・ 50

형 : 兄 ・・・・・・・・・・・・・・ 65
형제 : 兄弟 ・・・・・・・・・・・・ 113
호기심 : 好奇心 ・・・・・・・・・・ 72
호랑이 : 虎 ・・・・・・・・・・・・・ 15
호박 : カボチャ ・・・・・・・・・・ 22
호선 : 号線 ・・・・・・・・・・・・ 118
호텔 : ホテル ・・・・・・・・・・・ 50
혼자 : 一人 ・・・・・・・・・・・・ 90
혼자서 : 一人で ・・・・・・・・・・ 38
홍차 : 紅茶 ・・・・・・・・・・・・ 75
화가 나다 : 腹が立つ ・・・・・・・ 132
화분 : 植木鉢 ・・・・・・・・・・・ 98
화살 : 矢 ・・・・・・・・・・・・・・ 27
화요일 : 火曜日 ・・・・・・・・・・ 30
화장실 : 化粧室、トイレ ・・・・・・ 25
화장품 : 化粧品 ・・・・・・・・・・ 94
환영회 : 歓迎会 ・・・・・・・・・・ 40
환전 : 両替 ・・・・・・・・・・・・ 42
활 : 弓 ・・・・・・・・・・・・・・・ 27
활기 : 活気 ・・・・・・・・・・・・ 18
회사 : 会社 ・・・・・・・・・・・・ 45
회장님 : 会長 ・・・・・・・・・・・ 115
후 : 後 ・・・・・・・・・・・・・・ 49
후년 : 再来年 ・・・・・・・・・・・ 37
후배 : 後輩 ・・・・・・・・・・・・ 95
후에 : 後で ・・・・・・・・・・・・ 79
후지산 : 富士山 ・・・・・・・・・・ 121
훨씬 : もっと、さらに ・・・・・・・ 128
휴가 : 休暇 ・・・・・・・・・・・・ 65
휴강 : 休講 ・・・・・・・・・・・・ 109
휴강하다 : 休講にする ・・・・・・・ 65
휴대용 : 携帯用 ・・・・・・・・・・ 39
휴일 : 休日、休みの日 ・・・・・・・ 62
흐르다 : 流れる ・・・・・・・・・・ 65
흐리다 : 曇る ・・・・・・・・・・・ 117
흔하다 : ありふれる ・・・・・・・・ 60
힘 : 力 ・・・・・・・・・・・・・・ 125
힘들다 : 大変だ、辛い ・・・・・・・ 38
114 : イルイルサ
      （電話番号案内センター） ・・・ 122
MT : 新入生対象の合宿
      （membership training の略語） 36

153